道家第一课

高路 著

中国国际广播出版社

"中华优秀传统文化是什么"丛书总序

——传统文化与人性哲学

高　路

在深入学习领会《关于实施中华优秀传统文化传承发展工程的意见》精神的基础上，中国国际广播出版社策划编撰"中华优秀传统文化是什么"丛书。第一批推出四册，分别是《儒家第一课》《道家第一课》《法家第一课》《孝道第一课》，侧重于阐发中华优秀传统文化精髓；其后将陆续推出富于传统文化内涵的礼制、家谱、戏曲、国画、中医等方面的其他著述，为"汲取中国智慧、弘扬中国精神、传播中国价值，不断增强中华优秀传统文化的生命力和影响力，创造中华文化新辉煌"做出实际努力。

中华优秀传统文化的精髓在哪里？在中国哲学。中国哲学的精髓在哪里？在人性论。正因为我们的文化站立在人性哲学的基石上，形象地说是从人性之根长成的参天巨木，才千年不枯、不折、不倒，也才能在新时代的春天里萌发满枝新绿，而其他文明古木则无一不遭到毁弃，变成荒漠中供人凭吊的化石。

儒、道、法三大家对人性各有各的见解。儒家立足于人性善，从中引发出一系列道德原则和规范，用以教化人，建构和谐的人生、家庭和社会。道家立足于自然天性，倡导天人合一的人生境界，顺应生命的自然而然过程。法家立足于人性恶，诉诸严刑峻法，走向国家主义，以建立大一统强权为奋斗目标。

儒家建立和经营伦理道德体系，固然是为了规范行为、调整关系，更是为了把人塑造成符合人的理念的人。这在孔子那里叫作"成人"，即成为人。子路问怎样才能成人，孔子搬出四个人，要他学习臧武仲的知、公绰的廉、卞庄子的勇、冉求的才，再以礼乐进行修饰，说这样差不多可以算是"成人"了（见《论语·宪问》）。同样的问题孔子也回答过颜回（见《说苑·辨物》）。孔子这里是因材施教，针对子路的情况提出具体措施，如果扩大到所有人，那就不仅仅是这几条了，而适用于所有规范。儒家的礼乐文化实质上是为"成人"服务的，体现的是以人为本。显然孔子心目中存在着一种关于人的认识，它高于现实，代表着人的发展方向，是人的价值的终极目标，人之所以为人就在于他处在向这一目标行进的位置上。由此可以说儒家致力的是"造人"工程。

孔子的这一思想我们在马克思那里也能看到，谓之"人的生成"，也就是向着全面的人的生长。马克思指出，共产主义是"人以一种全面的方式，也就是说，作为一个完整的人，占有自己的全面的本质"（马克思《1844经济学哲学手稿》）。全面的本质其实就是人的理念，历史从根本上说是人的建构过程。

"成人"是从本质上表达人，代表人的原型，要知道我们从哪里来到哪里去，看看"成人"就清楚了——"成人"是本原，构成了我们的出发点；"成人"是终极目标，构成了我们的归宿地。

道家正好相反，是以儒家对立面的姿态登上文化思想舞台的。老子的宇宙在本质上是一个虚无的世界，无针对的是有，有指的是儒家那套伦理道德、礼乐制度，世界本来没有这些东西，最初是纯粹的自然，也就是无，这才是本原。统治者（庄子说的圣王、圣人）不甘寂寞，发明出道德、制度和物质文明，强加给世界和人类。你不接受，他就撸胳膊挽袖子强拉硬拽地迫你站队。为了有效推行这套东西，统治者实行重奖，谁做得好就升谁的官、发他的财，结果老实巴交的汉子变成满肚子心机、损公肥私的名利之徒，毁了世界也害了人类。

在道家看来，这一套有害无益，纯属多余，就像人在五根手指之外又多长出一根，完全是累赘，很不正常。怎么办？出路只有一个，那就是把这根手指去掉，回到自然天性，重返虚无。宏观治理上这叫人效法地、地效法天、天效法道、道效法自然（见《老子·第二十五章》）；文化上这叫断绝圣人言论，抛弃思想智慧（见《老子·第十九章》）；个人生活上这叫减少再减少（见《老子·第四十八章》），合起来就是"无为"，也就是顺其自然，也叫自然而然。

道家思想很了不起，非常自觉地沿着世界观到人生观再到价值观的思路运转，由自然的世界引出自然的人性，再引出回到自然或者说返璞归真的人生最高意义。

法家出自道家，放大其阴柔的一面，将《老子》中的治理术细微化、系统化，结合政治实践给予创造发挥，终于自成一家。道家的自然人性被法家解读为人性恶，应该说不是歪曲。食、色是人的天性，与生俱来，属于不学自会的本能，可谓人身上的动物性，儒道两家称之为"人欲"，都主张给予限制。儒家的"成人"就包括用道德打压欲望，譬如克己复礼。道家的返璞归真也包括阻塞欲望，譬如清心寡欲。可见欲望是要打个问号的，不能过线。法家就是在此处做文章，即限制人欲又纵容人欲。

一方面确立法治国策，打造强权政治。为什么儒家的德治不灵？因为依据的是人性善，这是个根本错误，人性实际上是恶，食、色最后一定表现为贪婪。既然人性恶，就不能用引导的办法，而应该也只能走惩罚的道路，于是法家便搞出一套严密苛刻的法律，强制推行。这实际上是与民为敌，拿老百姓当贼盗防。

一方面利用人欲，驱使民众。你不是想升官发财吗？好，我给你机会，你好好种地，丰收有重赏；你去当兵，战场上杀一个人我给你一级爵位。这些奖励都用法律形式固定下来，条条对号入座，人人有份。于是战场上的秦国士兵红了眼，腰上挂着斩获的人头，光着膀子大喊大叫往前冲，面对这等虎狼之师，哪有不闻风丧胆的？

法家的字典里没有慈悲，一切围绕的都是国家的强大，也不见人的地位，人的价值全在于充当富国强兵的工具。

譬如孝道。儒、道、法三家都主张行孝，其中儒家最为突出。孝在儒家道德体系中属于核心规范，具有调整家庭家族关系、社会关系乃至政治关系的意义，用民间语言表达就是百善孝为先。道家反对过度用力，认为孝作为一种天生的感情和行为，自然会在每个人身上体现出来，自然而然地去做就是了，人为的强调反而会造成负担，导致虚伪，疏远人们之间的关系。法家着眼的是不尽孝的那一面，说跟这样的逆子讲道理是没用的，因为其人性特别不好，对付这种人只有一个办法，就是交给官府。执法吏腰里挂着锁人的链子手里提着刀戈棍棒上门来，不孝子马上老实了，再也不敢忤逆，因为等着他的是监禁和刑罚，悖逆或违法的成本太高。用一句话概括三家在孝道上的根本对策：儒家是文化主义的，诉诸立德和教化；道家是自然主义的，遵从个人的自觉自愿；法家是国家主义的，依赖权力对生活的全面干预。

　　求道不求术。无论哪一家，具体做法可以商量，也可以变通，甚至可以综合互补，但立足于人性哲学这一点，也就是道，任何时候任何条件下都有价值，应该给予继承和发扬，使我们的生命更自觉、更主动、更有意义。

故道大，天大，地大，人亦大。

域中有四大，而人居其一焉。

人法地，地法天，天法道，道法自然。

——《老子·第二十五章》

中华优秀传统文化是什么

道家第一课

目 录

DAO

JIA

GAI

LUE

中华优秀传统文化是什么

道家第一课

　　历史上被冠以"道"的学派有两个：一个是以老子和庄子为代表的道家，另一个是以程颐、程颢（hào）兄弟和朱熹为代表的理学，也被称为道学。理学本是儒学发展的一个阶段，之所以与"道"挂上了钩，是因为这一派学者将"道"也就是"理"视为宇宙本原，以此构建他们的思想理论体系。其实道学与道家是有本质区别的，尽管道学吸取了道家的一些成果。道学的"道"虽然也具有无形和洁净完美的特征，但却是由仁、义、礼、智等要素构成的，其目的就是把儒家规范上升到万物之源的高度。道家的"道"是不包含任何具体内容的虚无，是纯粹自然而然的东西，"道"的自然性恰恰是对儒家倡导的礼制和道义的否定。显然，道家与道学截然不同，这个界限是不能混淆的。

　　道家的创始人是春秋时期的老子。老子及其继承者之所以被称为道家，是由于他们把"道"作为自己的理论基础与核心概念。道的本意是人走的路，道家就是这样的指路人。

　　关于道家的来源，《汉书》说："道家者流，盖出于史官。历记成败存亡福祸古今之道，然后知秉要执本，清虚以自守，卑弱以自持，此君人南面之术也。"（《汉书·艺文志》）意思是说，道家学者来自朝廷的掌管历史的官员，他们的本职工作是记述历史上的成败、存亡、福祸，总结其中的道理，为现今所用，使君主掌握治国的根本道理，所以他们提供的实际上是统治术。老子就是这样一位周王朝的史官。既如此，道家就应该积极从政，但事实刚好相反，他们却主张无为和超脱，而把从政的角色让给来自民间的儒家。儒家最初是与祖先之神对话的人，沟通的是另一个世界，现在却把改变现实作为自己的职责，与君主对话的道家反倒要求退回自然，这不是一个非常有趣的现象吗？

　　道家主张无为，并不意味着道家思想与政治没有关系，无为也是一种治国方略。这种方略的重大实践有两次。一次发生在西汉初期，文帝刘桓接受"黄老之术"，实施休养生息。另一次发生在唐朝初期，太宗李世民不仅推重道家思想，实行兼容并蓄的开明政治，而且认老子为先祖；到了唐玄宗李隆基的时候，老子进一步升格，被尊为"玄元皇帝"，李隆基还亲自注释《老子》，并昭告天下。诸子学者中，这是来自官方的最高荣耀了，即使是孔子，也只被尊为王，没有获得过皇帝的正式封号。这两次实践都出现在天下大乱之后，前面的一次是秦末及楚汉相争，后面一次是南北朝及隋末的群雄并起，而这两次无为方略的实施都迅速地治愈了战争创伤，达到了天下大治，开创出盛世局面，其成果分别被称为"文景之治"和"贞观之治"。什么是"黄老之术"？这就涉及道家思想史了。

　　道家思想的发展主要有三个时期：1. 先秦道家；2. 两汉道家；3. 魏晋玄学。下面就分别看一下这几个时期。

　　先秦道家。以老子和庄子为代表，包括关伊、列御寇（列子）、杨朱、宋钘（jiān）、尹文、彭蒙、田骈（pián）、慎到等学者。庄子继承了老子，他们的学说称为老庄学派。其他几位学者与老子有渊源关系，但思想倾向不尽相同，所以被称为道家别派，可分为杨朱学派、宋尹学派等。道家所要维护的是人的自然性，以及宽松、自由的社会环境，这与春秋时期和战国时期严酷的社会现实形成了极大反差。所以这一时期道家的任务主要是批判现实，揭露人的不自然、不自主状态，找出造成这种状况的原因，同时通过对古代社会以及圣人、真人、至人等形象的描述，向人们展示理想社会的美好。在他们看来，人以及社会之所以沦落，根本原因就在于人为活动（有为）背离了自然，这些活动主要表现为推行仁义道德和追求名利。

道家告诉人们，自然而然的状态比人为的东西更根本、更合理、更真实、更可贵；自然永远是人的母体，是社会的样板；人性既不是善（儒家），也不是恶（法家），而是出于自然的真实。于是，返璞归真便成了人生的根本目标，无为便成了个人行为和治理国家的根本原则。

两汉道家。这一时期的理论成果主要反映在两部书中，一部是《黄老帛书》，另一部是《淮南子》。《黄老帛书》是黄老之术的总结。黄是黄帝，老是老子，两汉道家把黄帝与老子相结合，假托黄帝以立说。他们从天地的性质"无私"出发，强调人的无私就是不要固守自己的主观意志和目的，而要遵循天地之恒常，即不变的规律，这显然是老子清静无为思想的再现。但同时又提出要争取民心而得天下，这虽然与老子讲的以百姓之心为心相一致，但却不是消极地适应民众，而是通过努力去主动争取民众，这就有儒家的味道了。

这种变化与实践有关。黄老之术不是单纯的学术思想，而是要用在治国的具体活动中。有个成语叫"萧规曹随"，说的是相国萧何死后，曹参接任，采取无为的态度，一切政务都遵循以前萧何的规定，不做任何变更。为什么？因为这些规定已被实践证明，符合百姓的要求，民心已经被争取过来了。"规"在前，"随"在后，规定就是有为，这是实践的要求。

《淮南子》由西汉初年淮南国的君主刘安为召集人，前后组织宾客上千人编撰。该书以道家思想统摄各家学说，总结成败得失，从宇宙生成到治国再到养生，无所不论。成书后刘安献给汉武帝，但五年后汉武帝便接受了董仲舒的提议，走上了独尊儒术的道路，治国指导思想大变。道家思想的政治实践告一段落。

魏晋玄学。代表人物是王弼（bì）、何晏（yàn）、向秀、郭象等人。玄来自老子所讲的"玄之又玄，众妙之门"（《老子·第一章》）。玄是黑色，表示虚无；妙同于"母"，表示有，众妙就万有（万物）。所以玄学的中心问题就是"有与无"的关系。由于这个问题太过抽象，常被讥为"清谈""怪异"。其实并非如此。道家主张自然，强调虚无；儒家主张秩序，强调实有；而魏晋玄学热衷于"有与无"，反映了融合道、儒两家思想的意蕴，表现在现实生活中，则是希望社会能够既给人以宽松的环境又保持着严格的秩序。这后一个要求在战乱频繁、生活动荡的魏晋时期是人们的普遍愿望。

魏晋玄学既不是纯粹的道家，也不是纯粹的儒家，而是二者的合流，这是它最显著的特征，也是为什么有人把它划入道家、有人把它划入儒家的原因。这一时期学者的主要工作是注释和阐述经典，主要是三部：《老子》《庄子》《周易》。前两部是道家经典，后一部是儒家经典。通过这一工作，用道家思想糅合儒家经义。他们崇尚自然，倡导无为，但同时又主张道德伦理，甚至认为秩序就是天理的自然。就连一向放荡不羁的大名士阮籍、嵇（jī）康，也谨慎遵守着臣道，原则问题上不糊涂。

隋唐以后，佛教在中国取得长足进展，道家开始吸收佛学精华，出现了道、佛两种思想合流的倾向。这时的道学已经主要不是士人的学问，而是道士的学问了，从而打上了宗教色彩，标志着道家向道教的转型。

道教是东汉末年张道陵创立的中国本土宗教，立三清尊神为崇拜对象，三神是玉清元始天尊、上清灵宝天尊、太清道德天尊。其中的太清道德天尊就是老子，民间俗称太上老君，另两尊为虚构人物。庄子也被尊为南华真人。道教以老子提出的"道"为根基，继承了道家思想，《老子》一书被称为《道德真经》，《庄子》一书被称为《南华真经》。道教与道家在思想上有继承关系，但毕竟不是一回事。道教是一种宗教，崇拜神灵，有自己的组织系统，有一整套仪式和教规，而这些道家都没有。

道家思想是中国传统文化的一个源头，与作为主流的儒家思想相辅相成。二者的这种关系本书多有涉及，譬如，道家突出柔弱，儒家强调刚强，一个更多的带有女性色彩，一个更多的表现出男性性格，由此形成了文化上的阴阳合抱现象。

这里要说的是这两种学说对社会发展的意义。儒家是提倡严格的社会规则的，克己复礼的礼就是制度、规范，而道家则是反对以社会规则压抑、克制人的独立性和自主性的，主张自然而然的状态。可以说，他们是一个立足于"有"——有秩序，一个是立足于"无"——反秩序。社会的正常运转无疑离不开秩序，但过分强调秩序一定会造成对人的伤害，降低社会的创造功能；而且任何一种秩序发展到一定程度，都会陷于保守，走向没落，这时候就要进行变革。所以光有秩序还不成，社会的发展同时还需要对秩序的削弱和瓦解。儒家和道家的这两种作用，用学术语言说，前者侧重于建构，后者侧重于解构。

解构了以后怎么办？常言说，不破不立，破字当头，立在其中。解构是为新的建构服务的，不能解构了就完事。正是在这里，道家暴露出了致命缺陷。他们的理想是找回早就消失了的氏族社会。时间不可倒流，古代社会再自然、再美好，是绝无可能重现，社会只能向前走。而对于前景和新秩序，道家又实在提不出任何建设性意见。这也是道家为什么只能作为中华传统文化支流而存在的一个重要原因。

道家人物小传

DAO JIA REN WU XIAO ZHUAN

老子　庄子　杨朱　宋钘　尹文　彭蒙　田骈　慎到　王弼　葛洪

中华优秀传统文化是什么

道家第一课

老子

老子，姓李，名耳，字伯阳，又字聃（dān），春秋时期楚国苦县（今河南省鹿邑县东）人。生卒时间不详，生活年代与孔子同期，年纪比孔子大一些，孔子曾向他请教过礼的问题，他以一个年长者的口吻说话。

那时，尽管天下已经陷入纷乱，但周朝的天子还在位，东周朝廷还维持着。老子被任命为周王室管理典籍史料的官员，也被称为史官。后来老子对世俗看透了，对职官生涯也厌倦了，便离开了政治中心，回归民间。他的离去在人们眼中颇为传奇，竟是独自一人骑着一头青色的水牛西出函谷关，不知所终。好在被把守关口的长官尹喜（关尹）扣押了几天，留下了一部千古绝唱《老子》。

老子学说的核心无疑是"道"的思想。道是宇宙的本原，它在本质上是虚无，虚无意味着创造和产生，作为万事万物的有就是道的运动的结果，然而任何一种事物都要灭亡，实有终归要回到虚无。这个过程周而复始，是永恒的，也就是不变的。这样，道就具有了哲学所说的本体的性质，也就是最终的、不变的、唯一的存在。主张虚无比实有更根本，在现实生活中就是反对人为干涉——道德伦理、制度秩序、政令法律等都属于人为——而主张无为。无为不是什么都不做，坐等现成，而是不去做违背自然的事情，保持人的、社会的自然而然的状态，事情还是要做的，但根本原则是顺其自然。老子说："人法地，地法天，天法道，道法自然。"（《老子·第二十五章》）这样，就由对道的尊崇演进为对自然的尊崇。

老子的著作是《老子》，又称《道德经》《老子五千言》。也有人说这部书不是老子的作品，是春秋末期一个叫老莱子的人写的，还有人说是战国中期的太史儋（dān）写的。不管是谁写的，这部作品都是中国历史上见诸于文字的第一部也是最好的一部哲学著作。

庄子

庄子姓庄名周。战国中期宋国蒙（今河南省商丘市东北；一说今安徽省蒙城县）人。曾任漆园吏，也就是漆园的管理人员。一种推测是，他本是楚国公族（君主的本家）后裔，战国初吴起在楚国发动变法，其中一条是废除公族成员世袭特权，并把不听话的迁往边远地区开荒种地。后来大贵族们利用楚王死丧机会作乱，围攻吴起。吴起心机极深，竟抱住楚王尸体，将身上中的箭拔下来插到楚王身上，嘴里喊道："群臣射王尸！"按照律令，这些人当判重罪，并牵连三族。于是许多贵族带着家人逃跑了，其中就有庄子的先人。

庄子一生贫穷，生活极为拮据，就连见魏国国君时都穿着打着补丁的粗麻衣，脚上的草鞋还断了带子。家里揭不开锅的时候向人借过米，遭到嘲弄，但他极有骨气。楚国曾派专使携带千金请他去做宰相，他讲了一个为做祭祀而供养的牛最后被宰杀的寓言而回绝了。

庄子善写寓言，除寓言外，还有"卮（zhī）言"和"重言"。寓言用来在形象中展现思想，卮言用来在论述中表达思想，重言用来假借先哲之口陈述思想。庄子大才，见识宏阔，目光深邃，思绪万千。论才思，除韩非外，后人难以企及。

庄子继承了老子的思想精髓，强调无论是天地万物，还是人、社会，都必须以"道"为师。但似乎对人生问题更感兴趣，主张一种超越生死、道德伦理、利害得失、人与物之间的界限的生活，这样的人才是自然的、自主的、自由的人。

这样的人生在哪里才能找到？现实社会中是绝没有的，庄子看到的只是道德、制度、地位、统治所带来的种种束缚，而且社会越发展越糟糕。出路何在？只有重返自然才是唯一的选择。这个理想世界被他称为"至德之世""至治之世"，这里没有后来的物质文明，也不存在着智慧，一切都是自然而然的。顺其自然就是"得道"，按照对"道"的心得去做就是德，所以这样的世界达到了道德的最高境界；顺其自然就是不刻意地去做什么，人人都习惯于天然秩序，所以又是治理的最高境界。

这样的世界在哪里？庄子把它叫作"无何有之乡"。

庄子留下一部著作《庄子》，学者认为它是道家庄子一派的著作汇聚。

杨朱

杨朱，又叫阳生、阳子居，被称为杨子，生卒时间不详，战国初期魏国人。人们知道他，一般是通过《孟子》一书。孟子说他主张为我，声称为了天下人的利益从自己身上拔下一根毫毛也舍不得去做，说他的这种教唆是把人变成禽兽（《孟子·滕文公下》）。韩非也提到过他，除了为我的观点外，还说他主张不进入处于危险中的城市、不到军队当兵。所以后人总结他的学说，以保全生命、维护自我、轻视物欲的观念为特点。

有人认为，《吕氏春秋》中的子华子就是杨朱。如果成立，下面这段子华子的话可以说集中反映了杨朱思想的要旨："圣人深思天下事，结论是没有什么东西比生命更宝贵的了。耳、目、鼻、口受着生命的驱使。耳朵虽然想听音乐，眼睛虽然想看色彩，鼻子虽然想嗅芳香，嘴巴虽然想尝美味，但如果音乐、色彩、芳香、美味对生命有害就应该禁止……只要对生命有利就去做。由此来看，耳目鼻口不能各任己意，必须有所制约。"（《吕氏春秋·贵生》）生命第一，物质享受以生命的保全为转移。

这个思想与老子、庄子生命至上的观点是一致的。但他的极端个人主义又与老子、庄子倡导为公的意识大相径庭。所以后人把杨朱一派列入道家别派，称为杨朱学派。

　　杨朱没有留下著作，其言论和事迹散见于《庄子》《孟子》《韩非子》《吕氏春秋》《淮南子》等书籍，看得出来，其思想在当时是有不小影响的。

宋钘、尹文

宋钘和尹文的学说被称为宋尹学派，属道家别派之一。

宋钘即宋牼（kēng）、宋荣、宋荣子，战国时期宋国人。他与尹文同为稷（jì）下学者。稷下是齐国都城临淄（今山东省淄博市）稷门附近的地区，齐国曾在这里设置学宫，广招天下学者来此讲学交流。

这一派没有可令人信服的著作留传下来，根据庄子的论述，可以看出他们的学说有两个基本特征。一个是主张自然和谐与公平。他们欣赏事物的自然状态，反对人为的装饰；提倡宽容和谅解精神，反对苛求于人；强调以柔顺的态度处世，调和各种人际关系，反对抗拒。他们对生活的要求不高，只要民众能够活命，自己和其他人的基本需求能够满足就可以了。他们有着强烈的平等意识，发明了一种叫作华山冠的帽子戴在头顶，用以标榜自己上下平均的主张。这些思想与老子一脉相承。

然而，他们对社会现实并不抱着超然态度，而是主张积极干预，这就构成了这一学派的另一个特征，即救世。在这方面他们有些像墨家，反对人们互相攻伐，主张熄灭兵战，希望将民众从战乱中解救出来。为了实现这一愿望，他们不怕劳累，不怕侮辱，四处奔波，对上劝说君主，对下教育百姓，即使撞得头破血流但仍不回头，固执地、反复地表明自己的观念和立场，韧劲十足。宋尹学派的救世态度与老子的无为精神出入很大，所以被列入道家别派。

彭蒙、田骈、慎到

彭蒙，战国时期齐国人，田骈的老师。田骈，又称陈骈，也是战国时期齐国人。慎到即慎子，战国时期赵国人，为稷下学者，主张无为而治，同时又主张君主运用权力推行法治，所以受到道家和法家的共同重视。彭蒙、田骈、慎到的学说形成了一个学派，属于道家别派。

从庄子的评述中可以看出，这一派强调一视同仁，也就是看问题不偏不倚，不带主观偏见。怎样才能达到这一点呢？这就要放弃自我，一切以事物为转移。这就意味着去除自己的心智，诸如定见、谋划、机巧之类。由于智慧是人的智慧，其中掺杂了人间的是非及自己的标准，所以慎到认为通过智慧不能了解事物，智慧的运用只能伤害万物遵循的根本道理（道）。这些思想与老子关于"公""去智"的观点是一致的。

然而在政治上，慎到与老子就不同了。老子的无为而治，精髓是顺其自然，对民众生活不做过多的、强硬的干涉。慎到也提倡无为，但前提是法治，君主确立了以法治国的总方针并且制定、推行一套法令，就可以了，不必纠缠于具体事物。这个思想显然已经离开了道家轨道，属于法家范畴了。这就是这一派被称为道家别派的一个原因。

王弼

王弼（bì），字辅嗣，三国时期魏国山阳（今河南省焦作市）人。曾在魏国担任尚书郎，少年即已成名，病逝时年仅 24 岁。

王弼是魏晋玄学代表人物之一。这一学说关注的焦点是"有与无"的关系问题，认为虚无比实有更根本。王弼继承了老子思想，他说："天下之物，皆以有为生。有之所始，以无为本。"（王弼：《老子》四十二章注）意思是说，事物都是某种东西的产物，也就是从实有中产生出来的，但实有是从虚无开始的，所以虚无是本，事物则是末。无与有的关系是本末关系。这个虚无是什么呢？就是老子所说的"道"。

遵循着这个思路，王弼把世界分为两大类，一类是有，一类是无。譬如音乐，分宫、商、角、徵（zhǐ）、羽五个音，其中每一个音都是具体的，不能代替其他的音，这就是"有"。然而还有另一类音，不属于五音中的任何一个音，人们虽然听不到它，但知道它，它可以包容五音，这种音叫作大音，老子说的"大音希声"的大音就是这种东西。换成现代语言，五音表示的是具体，大音表示的是概念，前者属于可感觉的现象，后者属于感觉不到的本质。由于大音感觉不到，人们就说它是虚无。大音是五音的根据，只有当一种东西符合音的概念，人们才把他称为音。所以，虚无是本，实有是末。

这个思想具有重大的理论意义，它告诉人们不能仅仅停留在事物的表面，还应该深入事物的内部，把握本质。对现实也有重要意义，它启发人们不要被生活的表象所迷惑，要注重它的实质内容。

王弼的作品主要是注释道家和儒家经典，有《老子注》《周易注》等。

葛洪

葛洪，字稚川，自号抱朴子，东晋时期丹阳句容（今江苏省句容市）人。朴是"道"的别名，抱朴子可以解释成守望"道"的人。葛洪曾投笔从戎，因军功被授予伏波将军，追封关内侯。但他辞官而去，一边修炼、著述，一边给百姓治病，被人视为"活神仙"，许多地方都留下了他的活动遗迹。

葛洪认为，"玄"（虚无）是自然的始祖、万物的本原。他说：道"是声音的声音，回响的回响，形体的形体，影子的影子。它使方的东西呈现静止的特性，使圆的东西显示运动的特性，使下降的东西表现沉落的特性，使上升的东西显现昂扬的特性"（《抱朴子内篇·道意卷之九》）。这个说法显然是玄学的观点，与上面讲的大音与五音的关系的意思完全一样，是对老子思想的发挥。

除了坚持"道"的本原地位外，葛洪极力突出生命至上这个道家主题，他说："天地最大的德行，就是使万物生存，生存，是使人喜好的事情。"（《抱朴子内篇·勤求卷之十四》）但他并不像庄子那样，视生死为一体，而是认为生与死根本不能同日而语。他对生命的爱护，也不像先秦道家那样，主要是提倡以柔顺的处世态度来求生存，而是追求长生之道。在他看来，这是道的最高境界，是道家最隐秘、最被看重的东西。

那么，长生之道是怎样的呢？葛洪的方法是守一存真、炼丹服药，通神修仙。这已经不是道家思想而是道教了。从葛洪身上我们可以看到道家与道教的联系和区别。

葛洪的著作有《抱朴子内篇》和《抱朴子外篇》。

生 SHENG

命 MING

最 ZUI

尊 ZUN

贵 GUI

要义

　　尊重个体生命是道家思想的一个突出特征，主要表现在高扬生命的价值和突出生命的养护这两个方面。现实生活中的一切，包括道德、财富、权位等，都在生命之下。养生的根本原则是超脱，即超脱欲望、世俗意识、外物和自我。

中华优秀传统文化是什么

道家第一课

生命价更高

对个体的人来说，
只有生命是自己的，
其他都是身外之物，
没有什么比生命的价值更大的了。

生命高于道德

回放

一个姓尾生的人，与一个女子约会，他们说好在一座桥下见面。

尾生来到桥下，等了一些时候，不见女子。不想洪水突然来了，河面陡涨。尾生不肯走，双手紧紧抱住桥柱子。大水很快吞没了他。

尾生就这样死了，全是信用惹的祸。

原文摘要

尾生与女子期于梁下，女子不来，水至不去，抱梁柱而死。

……

尾生溺死，信之患也。

——《庄子·盗跖》

简议

这个故事是庄子借历史上最著名的强盗头子盗跖（zhí）之口对孔子讲的。盗跖聚啸山林，为非作歹，孔子自告奋勇去劝说他改邪归正，不想竟遭到盗跖的迎头痛击，被狠狠抢白一通。庄子用的是小说笔法，情节多半是虚构的，但表达的思想内容是真实的，涉及的例子也是有根据的。

当时盗跖一连串点了六个人名，除尾生外，另外五个人是大贤士伯夷和叔齐兄弟、大隐士鲍焦和申徒狄、大功臣介子推。六人中，数尾生最为平常，是个老百姓，正是这件事使他出了大名，被后人称为"抱柱信"，后来的《战国策》《淮南子》均有记载和评论。

古语中，尾同微，尾生可以写作微生。据此有人推测，这个尾生就是《论语》里提到的那位姓微生名亩的孔子的老乡。微生亩至少与孔子同辈，因为他直呼孔子的名字"丘"，说起话来很是随便。如果是这样的话，尾生就是春秋时期的鲁国人。鲁国是周公的封地，历来重视信义道德，尾生的"抱柱信"是有基础的。

伯夷和叔齐因为守持志节而饿死在大山里，鲍焦因为追求高尚抱着大树而活活枯死，申徒狄因为忠心劝谏君主而投水身亡，介子推因为坚持清廉躲进深山而被大火烧死，加上尾生因为坚守信用而被洪水淹死，六个人都是为了道德而献身的人。

那么，这样做应该受到赞扬吗？道家的回答是否定的。庄子说："这六个人就跟祭禳（ráng）用的死狗、沉河的猪一样，像是端着瓢要饭的乞丐，都是为了名声轻易送命、不知珍惜根本、保养寿命的人……都不值得敬重。"①道家重要文献《淮南子》也提出，像尾生这样去死的人，即使有守信的美德，谁又认可他是个高尚的人呢？（《淮南子·氾（sì）论训》）

这样的悲剧为什么会屡屡发生？在庄子看来，这完全是由于尾生们按照士人的那套道德标准去做的结果，致使生命蒙受祸患（《庄子·盗跖》）。

---

① 此六者也，无异于磔（zhé）犬流豕，操瓢而乞者，皆离名而轻死，不念本养寿命者也……皆不足贵也。（《庄子·盗跖》）

　　道家的看法不是就事论事，而是从中引出一个人人都会碰到的但往往思索不够的问题，即生命重要还是道德重要？道家的观点很明确，生命更重要，对个人来说，生命才是根本，保存生命是第一位的事情。所以在他们看来，为道德而牺牲的行为是不值得的。

生命高于财富

商朝的时候，周族人生活在邠（bīn，今陕西彬县）地一带。这里靠近西北狄人的生活区。狄人是游牧民族，逐水草而生，侵入了邠地。

周族的领袖叫亶（dǎn）父，为了让狄人退兵，送去皮子和丝帛，人家不收；又奉上马和狗，人家退了回来；再献上珠宝美玉，人家还是不要。狄人要的是土地。怎么办？要守住土地就得动武，但亶父不想打仗，对族人说："与别人的哥哥生活在一起，却让他的弟弟去送命；与别人的父母生活在一起，却让他的孩子去牺牲，我不忍心这么做。你们大家还是生活在这里吧，做我的臣民与做狄人的臣民又有多大区别呢？另外我还听说，不能因为养育人的东西而危害人。"他的意思是，土地本来是用来养育人的，为了土地而损伤人是本末倒置。说完这番话，亶父就挂着手杖走了。

大家你看看我，我看看你，便一起跟在了亶父的后面。他们来到了南边的岐（qí）山（今陕西岐山），在这里建立起新的家园。

亶父可以说是一个尊重生命的人。这样的人，身处富贵，不会因为养尊处优而伤害生命；居于贫困，也不会因为追求利益而拖累身体。如今人们一旦获得高官显位，就把失去它看得比什么都严重；一旦见到利益，就轻易地舍弃生命，这不是太过于糊涂了吗？

原文摘要

大王亶父居邠，狄人攻之……亶父曰："与人之兄居而杀其弟，与人之父居而杀其子，吾不忍也。子皆勉居矣，为吾臣与为狄人臣奚以异？且吾闻之，不以所用养害所养。"因杖策（cè）而去之。民相连而从之，遂成国于岐山之下。夫大王亶父可谓能尊生矣。

——《庄子·让王》

简议

亶父是周人的一位有为的祖先。"汤武革命"中的周武王及其父亲周文王都是他的后人，他们推翻了商朝暴政，建立了周朝。亶父时期，周人的力量还很薄弱，如果与狄人硬拼的话，说不定会遭到灭族，当时的首要任务就是生存下来，所以亶父采取了用土地换生命的方针，避开强敌，另谋出路。反映在思想意识上，就是庄子所倡导的重生原则。在这里，土地是手段，生命才是目的，生命不能去为手段服务。土地是最重要的物质财富，为了生命连土地都应该放弃，更何况是别的什么东西呢？

生命贵重还是财富贵重？这是一个常识性问题。只要智力正常，不管什么人，都会想都不想地回答生命重要。事情很明白，财富是由生命来享用的，一旦失去了生命，财富再多，也没有任何意义。然而，对于这个不成问题的问题，人们一遇到现实，立即就糊涂起来，时常发生铤而走险的事情，要钱不要命。这又是为什么呢？

财富威力太大了。庄子虚构了两个人物，一个叫无足，代表人对财富的贪婪；一个叫知和，代表人对生命的尊重。可以说，前者是社会的象征，后者是自然的象征。这天，二人展开了一场辩论。

无足说："财富对于人没有不利之处。它可以使人享尽人间美好的一切，把人送上权势的顶峰，这点连圣人也做不到，连贤人也赶不上。它可以收买武士的勇力，壮大自己的威势；可以收买谋士的智力，增加自己的明察；可以收买贤士，弥补自己的贤良，虽然当不上国君，也跟君主差不多了。总之，追求财富享受是人的天性，不用学就会。即使天下人都抨击我说得不对，但谁又能不这样去做呢？"

知和大摇其头，认为这不是有头脑的人的想法。在他看来，有头脑的人立足的是自身的自然需要，这才是人的天性。正确的做法是，人感到不够用再去求取，够用了就不再要求，对财富的占有应该以实际需要为尺度。他说："平安是福，多余是祸害，万物莫不如此，而财富带来的祸害是最厉害的。"（《庄子·盗跖》）尽管财富可以带给人君主一样的感觉，人付出的代价却是生命，因为它让人活得劳累、紧张、担惊受怕，即使富人能够侥幸躲过谋害，也免不了折寿早夭。

财富是社会力量的一个典型代表，不跳出世俗，是不可能把生命真正摆在财富之上的。

生命高于权位

 回放

上古的时候，尧想把天下让给隐士许由，许由逃跑了。

尧又找到一个叫子州支父的人，请他来做天子。子州支父倒没有直接驳尧的面子，说："也行吧。但不巧我现在恰好被某个问题所困扰，正在设法解决，没时间治理天下。"掌管天下可谓是最重大的权位了，而为了不伤害自己的生命连这样的高位都可以不接受，那么还有什么不能舍弃呢？

这一幕在舜的时代又再次上演，主角还是子州支父。舜要把天下让给他，子州支父说的仍然是那句话，他的困扰还没排解完呢，没时间治理天下。子州支父是不会用自己的生命去换取天子的权位的，这就是得道的人与俗人不同的地方。

舜又要把天下让给一个叫善卷的人。善卷是个直性子，说："我冬天穿皮毛，夏天穿葛布，可以遮体了；春天耕种，可以劳作身体了；秋天收获，足够吃喝的了。我每天日出而作，日落而息，自由自在地生活在广阔的天地之间，心满意足，要天下干什么？可悲呀，您太不了解我了！"说完就走了，扔下舜一个人站在那儿发愣。

舜不甘心，又找到一个居住在石户那个地方的农夫，请他做天子。农夫不干，背起行囊，他的妻子头上顶着家什，带着孩子进了海岛，终生都没有出来。

原文摘要

尧以天下让许由，许由不受。又让于子州支父，子州支父曰："以我为天子，犹之可也。虽然，我适有幽忧之病，方且治之，未暇治天下也。"……舜让天下于子州支伯，子州支伯曰："予适有幽忧之病，方且治之，未暇治天下也。"……舜以天下让善卷，善卷曰："余立于宇宙之中，冬日衣皮毛，夏日衣葛絺（chī）。春耕种，形足以劳动；秋收敛，身足以休食。日出而作，日入而息，逍遥于天地之间，而心意自得，吾何以天下为哉？悲夫，子之不知余也！"遂不受……舜以天下让其友石户之农……于是夫负妻戴，携子以入于海，终身不反也。

——《庄子·让王》

简议

天子就是后来的皇帝——国家的最高统治者，连这样的权位都瞧不上眼，就不要说别的官职了。那么，为什么说权位与生命是对立的呢？

按照道家思想，可以概括为两点。首先，权位意味着人的本性的改变。本来，人自由自在地生活着，一旦做了官，言谈举止甚至思维方式都必须符合职位要求，劳心耗神不说，还要推行各种措施，而在庄子看来，尧和舜的时代已经脱离了自然而然的轨道，所采取的措施有了太多的人为成分，譬如仁义，故事中的许由之所以逃跑，就是因为尧让他继续推行仁义。这些人为的东西与人的本性不相适应，所以会造成一系列恶果，将给统治带来更大麻烦，权位越高，麻烦越大，人也就越不自在。

其次，权位意味着凶险。如果说这个情况在尧舜时代还不明显，那么到了庄子生活的时代早就成为家常便饭了。庄子讲过这样一件事：越国的国君翳（yì）被他的儿子谋杀，篡夺了王位；越国人不平，杀了新君，立无余为王；结果无余又被杀掉了，就这样，越国一连三个国君被杀。有个王子名叫搜，非常害怕，跑到一个山洞中躲藏起来。国家不能没有君主，越国人到处找他，追踪到山洞。好说歹说，他就是不肯出来。没法子，人们只好点燃艾蒿用烟熏。搜顶不住了，走出了山洞，手拽住马车上的拉手仰天大呼："王位啊，王位啊，怎么就偏偏不放过我呢！"（《庄子·让王》）这哪里像是去当国君，分明是进屠场。所以，手握重权、身居高位绝不是什么好事。

权位不是福，是祸。

拾 得

道家是一种关注生命的学说。道家创始人老子说："名声与生命哪一个离人更切近？财富与生命哪一个对人更贵重？获得与丧失哪一个令人更忧心？过分追求一定会造成极大耗费，过多贮藏一定会带来严重损害。所以，知道满足就不会招致屈辱，知道停止就不会导致危亡，只有这样才能够长久保全自己的生命。"①

道家关于生命高于道德、生命高于财富、生命高于权位的思想，锋芒所向，无一不是指向儒家。

在《儒家第一课》一书中我们说过，儒家是主张道义高于生命的，这特别明显地反映在孔子"杀身以成仁"和孟子"舍生取义"那两句话中，个人只有把自己的生活融入社会理性方能证明生命的价值。不能说儒家不尊重生命，儒家经典《周易》说："天地之大德曰生。"另一部经典《孝经》也说："天地之性人为贵。"然而在儒家那里，自然肌体毕竟是第二位的，道义才是人的第一生命，因为道义代表着人的本性，所以当生命与道义二者必择其一时，孟子主张应该毫不犹豫地选择道义而舍弃生命。同时，儒家也肯定追求功名富贵的合理性，孔子讲的"学而优则仕"的仕指的就是从政当官，也包括了获取利禄在里面。当然，不能由此就说

---

① 名与身孰亲？身与货孰多？得与亡孰病？甚爱必大费，多藏必厚亡。知足不辱，知止不殆，可以长久。（《老子·第四十四章》）

儒家把财富和权位摆在生命之上，但按照道家的看法，这种追求对生命的耗费则是一定的。

那么，道家关于生命高于道德、财富、权位的主张能站住脚吗？后两个高于没有什么问题，人们一般都能接受，关键是生命高于道德。我们先就事论事，看看文中引用的那个"抱柱信"的例子。

尾生的死轰轰烈烈，震撼人心，这样的痴情绝无仅有，坚守承诺直到最后。他是为谁而死？是那位心上人吗？不是。如果考虑到对方，他是不会如此轻易地舍弃生命的。他的死更多地表现为对信用规范的痴情，是为了道德这个精神客体而献身，也就是说，他的行为已经脱离了人这个具体对象，是为了信用而信用。这样一来，事件内容就发生了变化，它不再是尾生与恋人的关系，而成了尾生与道德条律的关系。由此而来的问题是，在人与道德条律的关系中，谁是主体？显然应该是人，各种规范是为了人而不是相反。但在尾生身上却颠倒了，成了人以规范为转移。这就是尾生的误区，所以庄子把他的死比喻为道德祭坛上被剁碎了的祭品。

这就告诉我们，道德一旦被推到极致，一旦脱离人文关怀，极容易走进误区，这也是儒家思想和礼教给现实生活造成负面影响的一个原因。

就事论事，道家对儒家的批判是正确的，然而要是上升到理论的高度，作为价值观来提倡，笼统地说生命在道德之上，是会遇到难以解决的矛盾的。暂且不说面临民族大义的特殊情况，就是在他人需要帮助而这可能导致我们付出生命的时刻，我们是行动呢还是退缩？如果强调自己的生命是第一位的，那就应该逃避，甚至是见死不救，但要真的这样做了，人的良心能安稳吗？

　　毫无疑问，提升生命的地位对尊重个体、高扬人性具有非常重大的意义。珍惜和热爱生命是人不可或缺的品质，也是判断人的一个基本标准。北宋大文学家、思想家苏东坡有个朋友叫章惇（dūn），两人结伴出游，来到一处绝壁前。苏东坡文章诗词冠天下，一手字出神入化，章惇请他在峭壁上留字。但绝壁和他们之间隔着一道深渊，上面只架着一根树干，东坡望望下面，不由双腿打战，摇了摇头。章惇哈哈一笑，不慌不忙地过了独木桥，用绳子系在树上，爬上峭壁，写上"苏轼章某来此"，然后又走回来，面不改色心不跳。东坡抚着他的背叹道："能自拼命者能杀人也！"果不其然，章惇后来做了宰相，豁出一切的性格派上了用场。章惇与东坡政见不合，把他贬到当时的偏远地区惠州（属今广东），仍嫌不够，再把他贬到蛮荒之地儋（dān）州（属今海南），让东坡吃尽了苦头。章惇连死人也不放过，撰写《资治通鉴》的司马光是他对立面的领袖，已经去世了，他竟然想开坟掘墓，鞭打司马光的尸首。可见，不尊重自己生命的人，也不会看重别人的生命。

生命养护的要义

既然生命最为贵重，
我们就应该格外珍惜它，
那么，怎样做才符合生命的要求呢？

寡 欲

回 放

庄子在丘陵上的果园中游玩，突然，一只怪模怪样的鸟鹊从南边飞来，翅膀展开足有七尺，眼睛有一寸大。它擦过庄子额头，落在一棵果树上。庄子心想，这是什么鸟？翅膀长却飞不远，眼睛大却看不清。于是便提起衣服，小跑着追了过去，张开弹弓准备射杀它。

蓦地，庄子的手停住了，一幅奇妙的景象展现在他面前：一只蝉惬意地伏在树枝上享受着绿荫；而就在它的身边，一只螳螂借着树叶的掩护举着锋利的双臂即将砍下来，眼见猎物就要到手，它太得意了，肥硕的身子不由得暴露出来；而就在螳螂的身后，站着那只怪鹊，它的脖子慢慢地伸上前，眼珠一动不动地盯着猎物，全然没有察觉到树下有个人张着弹弓对着它。

一个念头顿时闪过庄子心头："原来动物竟是这样，见到了利就忘了自己的本性。"猛地他想到了自己，一定也有别人在盯着他。于是丢掉弹弓赶紧跑了。

他想的一点儿都不错，看果园的人已经注意他很久了，正追过来要问个究竟哩。

庄子一口气逃回家里，三天没敢出门。他的弟子问老师为何闷闷不乐。庄子说："我守持形体却忘记了本性，看清了混浊的浅水却迷失了清源，真是太危险了。"

原 文 摘 要

庄周游于雕陵之樊，睹一异鹊自南方来者……蹇（jiǎn）裳躩（jué）步，执弹而留之。睹一蝉，方得美荫而忘其身；螳螂执翳而搏之，见得而忘其形；异鹊从而利之，见利而忘其真。庄周怵然曰："噫！物固相累，二类相召也！"捐弹而反走，虞人逐而谇（suì）之。

庄周反入，三日不庭。蔺且从而问之："夫子何为顷间甚不庭乎？"庄周曰："吾守形而忘身，观于浊水而迷于清渊。"

——《庄子·山木》

简 议

欲望可以分为两种，一种是生存所必需的，另一种是多余的。前者是自然而然的，表现为适可而止，叫天然欲望；后者是人为的，表现为贪婪，叫贪欲。庄子想打杀鸟鹊就是出于贪欲。庄子用这则故事告诉大家，人们时常为了满足肉体官能的贪欲而伤害自己的生命，也就是"守持形体却忘记了本性"。贪欲不符合人的本性。

贪欲的力量有多大？我们不妨看看下面这则寓言。猩猩喜欢饮酒，人们摆上酒壶，将大大小小的酒杯排列好，又把许多草鞋连在一起，放在路边。猩猩们一眼就看穿了人的诡计，破口大骂，连他们的祖宗都不放过。骂得口渴了，一只猩猩建议道："咱们干吗不尝上一点儿，只要不喝多就没事儿。"于是，它们拿起小杯子喝酒，喝罢，骂着去了。不久，它们又转了回来，拿起大一些的杯子喝酒，抹抹嘴，仍旧骂着离去。这样来来去去三四回，猩猩的防线终于被粘在嘴唇上的酒香突破了，便敞开了大喝起来，完全忘记了后果。于是它们都喝醉了，斜着眼睛看着对方，打闹嬉戏，把脚伸到草鞋中学人走路。人们追来了，猩猩脚上的鞋连在一起，一个也跑不脱。别看猩猩吃了这个亏，但后来者还是照样上当。写这则寓言的刘元卿说："猩猩是很聪明的生灵，但仍然经受不住诱惑，最后难免一死，这全是贪欲造成的结果啊。"（《贤弈编·譬喻录》）

贪欲太可怕了。猩猩对人的那一套阴谋操作一清二楚，明明知道酒是诱饵，草鞋是捕捉它们的工具，甚至知道先是小酒杯继而是大酒杯的诱骗过程，但还是上了当。老子说："没有哪一种罪恶比放纵欲望更大的了，没有哪一种祸害比不知满足更大的了，没有哪一种灾难比贪得无厌更大的了。"[1]

然而在人们的生活中，贪欲总是会不知不觉地萌动、产生，就像庄子想捉住那只鸟一样。怎么办？只有自觉地回复到自然本性，用本真的状态来填补欲望的空虚，换句话说，就是抑制乃至断绝人为的欲望，使自己的本性坚挺起来。本性不乱，生命也就没有了祸患。

上述可以概括为三个字：不贪婪。

---

[1] 罪莫大于可欲。祸莫大于不知足。咎莫憯于欲得。（《老子·第四十六章》）

清　心

回　放

颜回兴冲冲地来见孔子，见面就报告："我进步了。"

"噢？说说看。"孔子要求道。学生有所得，当老师的也很高兴。

颜回说："我忘掉仁义了。"

"还行。"孔子点点头，又说："但做得还不够。"

过了几天，颜回又来报喜："我又进步了。"

"是吗？说说看。"孔子的脸上挂着笑容。

颜回说："我忘掉礼乐了。"

"不错。"孔子点点头，又说："但做得还不够。"

过了些日子，颜回又来了，说："我进步了。"

"说说看。"孔子的眼睛发亮。

"我能坐忘了。"颜回平静地说。

"什么是坐忘？"孔子问。

"肢体无知觉，心中无意识，离开形骸去掉智慧，与大道浑然一体，就叫作坐忘。"颜回解释道。

"好！"孔子赞道，"与大道一体，没有了个人的东西，顺应变化而不拘于常态。你终于修成贤人了，我愿意追随在你的身后。"

原 文 摘 要

颜回曰："回益矣。"仲尼曰："何谓也？"曰："回忘仁义矣。"曰："可矣，犹未也。"他日复见，曰："回益矣。"曰："何谓也？"曰："回忘礼乐矣。"曰："可矣，犹未也。"他日复见，曰："回益矣。"曰："何谓也？"曰："回坐忘矣。"仲尼蹴然曰："何谓坐忘？"颜回曰："堕肢体，黜聪明，离形去知，同于大通，此谓坐忘。"仲尼曰："同则无好也，化则无常也。而果其贤乎！丘也请从而后也。"

——《庄子·大宗师》

简 议

庄子有幽默感，拿孔子和他最得意的学生颜回编故事，把他俩描写成道家弟子。

庄子还拿孔子说过这样一件事。鲁国的国君鲁哀公见过一位名叫哀骀（dài）它的贤士，此人相貌极其丑陋，初见他的人没有不害怕的，但奇怪得很，跟他一接近，感觉就变了。鲁哀公问孔子："为什么会是这样呢？"孔子说："我到楚国的时候，刚好看见一群小猪崽闹哄哄地拱着母猪的奶头吃奶。可是不大一会儿小猪崽突然惊恐起来，纷纷跑掉了，原来是母猪死了。尽管它的身体还在，但灵魂已经消失了。可见，猪崽之所以爱恋母猪，不是因为它的形体，而是因为使之具有形体并且主宰着形体的精神。"（《庄子·德充符》）庄子通过这个故事告诉人们，精神高于肉体，心大于身，决定生命本质的不是物质，而是精神。因此守住精神就是守住生命。

那么，怎样才能守住精神？最根本的是不能使它发生亏损，要做到这一点，必须清心。什么是清心？用老子的话来说，就是清除内心的杂念，澄澈心境，做到一尘不染（《老子·第十章》）。就像前面故事中所说的那样，将诸如仁义、礼乐之类的外面世界的一切统统忘掉，回到纯粹质朴状态，也就是道家常说的心若死灰、身同槁木。庄子把这个过程叫作"心斋"。古人为表示虔诚，在祭祀之前必须进行斋戒，洁身沐浴，不沾荤腥。心的斋戒，就是清除心里的各种念头，不管是善的还是恶的，一概逐出，回归初始。正如什么都不摆放的房屋是最明亮的，空明宁静的心灵也是最吉祥的（《庄子·人间世》）。

为什么说心里什么都不想的状态最吉祥？《庄子》中曾有这样的例子：一个喝醉酒的人从车子上掉下来，可能要吃一点苦头，但不会伤及性命，要是换了别人，兴许命就丢了。他们的身体构造一样，跌落的情况也一样，为什么结果却不一样？原因就在于他们的精神状态不一样。醉酒的人处于混沌状态，心中什么念头也没有，什么都不知道，掉下来也不知道，一切全凭自然本能。

由于不分心或者说心静如水，精神便不会分离，紧紧凝聚在一起。不处心积虑，心平气和了，精神自然也就没有耗损了。

上述可以概括为三个字：不操心。

忘 物

颜回发现了一个问题，向孔子请教。

他说："我坐船过河，摆渡人划船的技巧出神入化。我见了心中好生羡慕，就问：'划船可以学会吗？'摆渡人回答可以。他说，'只要会游泳，学几次就能够掌握；如果会潜水的话，即使没有见过船，只要一上手便可以操作。'我再进一步问，他却不说了。请问夫子，他说的这些有什么深意吗？"

孔子说："会游泳的人学了几次就可以划船，是因为他忘记了水。会潜水的人虽然没有见过船，但一上手就可以操作，是因为他把深渊和翻船根本不当作一回事，无论什么都不能扰乱他的心，所以任何时候他都能从容不迫。"

颜回明白了，他们之所以能够很快驾驭船是由于他们眼中根本就没有水、没有船。

孔子接着说："赌博的人用瓦片做赌注，他的技巧很高超；解下身上的衣带钩做赌注，他就变得小心谨慎起来；要是用黄金做赌注，他就有些昏乱了。赌博是这样，划船也是这样，道理是一样的。人一旦有所顾忌，就会精力分散，被外在的东西所牵制。凡是看重外物的人，内心没有不笨拙的。"

原文摘要

颜渊问仲尼曰："吾尝济乎觞（shāng）深之渊，津人操舟若神。吾问焉，曰：'操舟可学邪？'曰：'可。善游者数能。若乃夫没人，则未尝见舟而便操之也。'吾问焉而不吾告，敢问何谓也？"仲尼曰："善游者数能，忘水也。若乃夫没人之未尝见舟而便操之也，彼视渊若陵，视舟之覆犹其车却也。覆却万方陈乎前而不得入其舍，恶往而不暇？以瓦注者巧，以钩注者惮，以黄金注者殙（hūn）。其巧一也，而有所矜，则重外也。凡外重者内拙。"

——《庄子·达生》

简 议

外物扰乱人的精神，外物越是贵重，造成的精神压力也就越大，人也就越发的不自然，对生命的耗损也就越厉害。

外物同时也危害人的肉体。虽说生命的本质在于精神，但肉体的存在毕竟是生命的前提，肉体受损，生命也不能持久。那么，为什么说外物损伤肉体呢？

首先，它使人感官迷失。老子说："五彩缤纷令人眼花缭乱，纵马狩猎令人心神狂荡，稀世珍宝令人行为不轨，美食甘味令人嗅觉迟钝，音乐歌曲令人听觉失灵。"[1] 在道家看来，肉体感官也有

---

[1] 五色使人目盲，驰骋畋猎使人心发狂，难得之货使人之行妨，五味使人之口爽，五音使人之耳聋。（《老子·第十二章》）

一个保持本性的问题，眼花缭乱、嗅觉迟钝、听觉失灵都意味着乱性，是自然状态的丧失。

其次，它使人身体疲惫。外物刺激人的欲望，贪欲一旦产生，就会驱使人不断地去追求财富和名声，即使财物多得堆积如山，也停不下来，这好比是背负着沉重的东西爬坡，人成了外物的奴隶，劳累一生，苦不堪言。

再次，它使人忽略安全。庄子讲过这样一件事：一个人从宋王那里得到十辆车子，来向庄子炫耀。庄子告诉那人，他知道有家穷人的儿子，潜到深渊下摸到一颗价值千金的珍珠，不想老父亲竟然让儿子砸碎它，因为如此贵重的宝物只有在龙嘴里才能找到，老父说，当时龙一定在酣睡，被人钻了空子，要是它睁着眼睛，早就把年轻人吃得连肉渣都不剩了。庄子对那人说，宋王比龙还凶猛，他能得到车子，纯属侥幸，按照常规他早没命了（《庄子·列御寇》）。庄子想说，财物是人人都在争夺的东西，不管是得到还是得不到，只要参加进去就有风险，就会破坏正常生活。

所以庄子主张抛掉世间分外之事，这样形体就不会受到劳累，精神也不会亏损。庄子坐在河边钓鱼，楚王派使者重金聘请他去楚国主持政务。庄子家里穷得很，有时连稀饭都喝不上。谁知庄子盯着水面，头也不回地说："我听说楚国有一只神龟，死了有三千年了。楚王非常尊崇它，用上好的丝帛包裹着，装在精美的竹箱里，小心翼翼地珍藏在庙堂之上。那么请问，这只龟是愿意死去而使自己的尸骨高高地被供奉着，还是愿意尽管拖着尾巴生活在泥沼里但却是活着的呢？”使者答道：“当然愿意活着。”庄子挥了下钓竿，“那好，请回去吧！我将拖着尾巴生活在泥地里。”（《庄子·秋水》）

上述可以概括为三个字：不眼红。

忘 我

 回放

战国时期，魏国有个隐士叫徐无鬼。一天，他去见魏国的国君魏武侯。

一见面，国君就说："呀，是先生您。您远离寡人独自住在深山老林里，拿橡树的果实当粮食，拿野葱野韭当蔬菜，已经好长时间了！如今您老了吧？想来找寡人讨要酒肉美味了吧？可是您还能够帮助寡人做点什么呢？"

对于这番奚落，徐无鬼一点也不生气，他平静地说："我生于贫穷低贱之家，从来不敢奢望得到国君的高官厚禄，——我今天是特地来慰劳国君您的。"

"慰劳寡人？"国君朝四周看了看，有点奇怪，"慰劳什么？"

"慰劳您的精神和身体。"徐无鬼答道。

"寡人怎么啦？"国君瞧瞧自己，又问。

"天地对世上万物的养育一视同仁，登上高位的人不可以自视高人一等，处在低位的人也不应该自以为矮人一头。您作为大国的国君，为了满足自己耳朵、眼睛、鼻子和嘴巴的享乐，让全国的百姓受苦，为此弄得您心神不宁。心神本来是喜爱和谐而厌恶自私的，只为一己私欲而损害他人就是一种疾病，如今您患上了自私病，所以我大老远地跑来慰劳您。"徐无鬼说。

国君沉默了半天，终于不得不承认徐无鬼说得对。

原 文 摘 要

涂无鬼见武侯……涂无鬼曰："无鬼生于贫贱，未尝敢饮食君之酒肉，将来劳君也。"君曰："何故，奚劳寡人？"曰："劳君之神与形。"武侯曰："何谓邪？"涂无鬼曰："天地之养也一，登高不可以为长，居下不可以为短。君独为万乘之主，以苦一国之民，以养耳目鼻口，夫神者不自许也。夫神者，好和而恶奸。夫奸，病也。故劳之。"

——《庄子·涂无鬼》

简 议

魏武侯的忧虑来自何处？来自他自身——他太为自己着想了，为了满足个人欲望，他横征暴敛，弄得大家都跟他作对，结果搞得自己伤心劳神，坐卧不安。所以自私是对生命的摧残。

道家认为，心灵本来是清静的，与自然相一致，没有与万物不同的地方，当然也就无所谓自我，也就是不自私；然而躯体却不是这样，它要追求官能享受，要占有和消耗物质，这样人与万物、他人就有了区分，所以躯体是为自己而存在。

人一旦生成生命的躯体，心灵就被搅乱了。心灵本来是与自然相通的，而躯体却阻断了它们之间的通道，将心灵束缚在小小的、暂时的形体中，形成井底之蛙式的偏见和自大。心灵本来清静如水，而现在却因肉体的物质追求生出许多忧虑、杂念。老子把这些叫作"自见"和"自贵"，也就是自我性的东西。前面说过，在道家看来生命的本质在精神，心灵被搅乱了，生命也就难以为继。

因此，要保全生命，必须放弃自我，与众人同一，与环境同一。老子说："天地之所以能长久存在，是因为它不为自己生存反而得以永恒。因此，深谙此道的圣人不争先反而领先，不为己反而保全自身，这不正是因为他无私吗？所以无私可以成就自身。"①

庄子也是这样认为的。《庄子》中有一个故事，说的是颜回打算去卫国，平治那里的乱局。卫国的国君年轻气盛，独断专行，搞得国家一团糟。看着学生意气风发的样子，孔子兜头浇了一瓢冷水，说："你去卫国恐怕只会得到刑罚。"为什么？因为颜回太自我了，他固执地想用自己的那一套去改变现实。于是孔子就给颜回讲"心斋"，告诉他去除自我杂念的道理。颜回顿开茅塞，说："在我没听到您讲心的斋戒之前，心中始终装着自我；现在已经把自我排除出去了，是否可以说达到了空明宁静？"孔子高兴地说："你理解得很正确。你到了卫国就等于进入了大牢笼，你不要追求名声，国君能听进你的道理你就接着讲，听不进去你就停止。要聚心敛意，顺其自然，这样就接近于心的斋戒了。"（《庄子·人间世》）

上述可以概括为三个字：不自我。

---

① 天长，地久。天地之所以能长且久者，以其不自生也，故能长生。是以圣人退其身而身先，外其身而身存。不以其无私邪？故能成其私。（《老子·第七章》）

拾 得

养生是尊重生命的具体体现。在诸子百家中，没有哪一家像道家那样将养生作为一个主题来阐发的了。

道家的养生理论不仅有原则，也有具体方法，这里我们谈的是原则，概括了四条，即不贪婪、不操心、不眼红、不自我。这四条又可以浓缩为两个字：超脱。超脱欲望，超脱意识，超脱外物，超脱自我。做到了超脱，就进入了养生的境界。

这个道理说复杂也复杂，说简单也简单。说它复杂，是因为它与世俗观念相对立，似乎是来自世外的声音。在人人都追逐名利权位的现实社会，要彻底理解并做到这一点，是相当困难的。说它简单，是因为它的立论根据很清楚，就是人的本性是自然的，人的生命是有限的，接受了这一点，往下的问题就通畅了。由于人的本性是自然的，凡是后天或者说社会加在人身上的一切，物质的也好，意识的也罢，善的也好，恶的也罢，统统都是对本性的入侵。由于生命是有限的，精力是一定的，所有刻意追求都是对生命精神的分散和耗费，这方面的支出多了，留给养生的就少了，因此是生命的减缩。这还是就一般情况而言，如果算上争权夺利所造成的威胁，生命付出的代价史大。

这种超脱现实的思想并不只为中国的道家所独有，古希腊的犬儒派也持这样的观点。犬儒派是一种哲学思潮，一个学术团体，也是一种生活方式，甚至是一个族群。犬儒们与世俗生活坚决划清界限。犬儒派哲学家第欧根尼（希腊，约公元前 404～约前 323）认为，世俗的一切都是社会强加在人们身上的锁链。金钱是万恶之源，它勾起了太多的贪欲，为了得到金钱，人干尽了坏事，还必须像守财奴那样死死盯住他的钱袋，担惊受怕地提防窃贼、强盗和惦记着他的财产的人，这些人也许就是他的朋友、邻居、兄弟、妻子、儿子，金钱就这样把人紧紧捆住了。家庭也是束缚人的一条锁链，人一旦陷入爱情，就再也不能自由自在地到处走、到处看，因为恋人们总想厮守在一起。结了婚就更麻烦，如果妻子面目丑陋，男人也许会背着她另寻新欢，偷偷摸摸地像是做贼；如果妻子美丽动人，丈夫就会整天疑神疑鬼，生怕她跟别人跑了，惶惶不安地看护着。要是有了孩子，更有的受了，必须供他吃、管他穿，还要操心他的教育和前途，一辈子当牛做马，至死方能解脱。

所以，犬儒派鄙视金钱，不找恋人更不建立家庭，总之超脱世俗追求的一切，当然也就没有了锁链的束缚。犬儒哲学主要是从自由角度谈论超脱的，但在他们看来，自由就是人的生命的意义，由此也可以说，生命在于超脱。

在养生问题上，也可以看到道家对儒家的批判。譬如，庄子所说的"坐忘"，就包括忘掉仁义、礼乐等儒家念念不忘的东西。在人生路径上，道家与儒家有着根本区别，道家倡导的是超脱，回归自然这个根本，而儒家主张干预和改变社会，提倡积极入世的态度。

但这并不妨碍他们也有共同语言。譬如对待欲望。道家反对放纵欲望，儒家也要求抑制欲望。道家认为心灵代表的是清静和明智，躯体代表的是杂乱和短视；儒家也有类似的见解，如孟子就认为，耳朵和眼睛一类的感官不能思索，所以时常被外物诱惑，而心灵则不同，它能够思索，并且用道德理性把官能欲望引上正途，再如朱熹的"存天理，灭人欲"，基本上也是这个思路。

　　道家的养生主要解决的是人与自身以及外物的关系，做到对自身和外物的超脱只是维护生命的一个方面，因为在现实生活中，还存在着人与社会的关系，也就是处世问题，只有在这方面也拿出有效办法，生命才能得到基本保证。

处世的学问

CHU

世

SHI

的

DE

学

XUE

问

WEN

要义

　　道家的处世态度主要有两个方面：一个是柔顺，包括以自主为前提的柔韧、忍让和顺应；另一个是隐蔽，具体说就是不显露、不超群、不逞能。柔顺胜过刚强，隐蔽是强大和自信的体现。

中华优秀传统文化是什么

道家第一课

柔顺比刚强好

人们的处世态度可以分为刚强和柔顺两种，
明智的人选择的是柔顺。

柔 韧

老子的老师叫常摐（chuāng）。常摐生病了，老子前去探视。老师已经很老了，又病得很厉害，老子就问老师，有没有什么要对学生吩咐的。

常摐把一双混浊的眼珠对着老子，问："路过自己的故乡一定要下车，这是因为什么？"到底是老师，病成这样还记着教诲学生。

"大概是要以此来提醒自己不要忘记过去吧！"老子恭恭敬敬地回答。

"好，你答得很对。"常摐说。接着又问："从高大的树木旁边路过，一定要迈着小步快走，这又是因为什么？"

老子迟疑了一下，然后说："大概是以此来表示对老人的尊重吧！"

"很好。"常摐咧着嘴笑了。突然，老人指着自己嘴巴呜呜地问："你好好瞧瞧，我的舌头还在吗？"

老子侧过头，往老师黑洞洞的嘴里看了一会儿，点点头，说："在。"

常摐又问："那么，我的牙还在吗？"

老子找了半天，也没有发现一颗牙，摇摇头，说："不在。"

常摐合上嘴，问："舌头还在，牙却没有了，这是因为什么？"

老子想了一会儿，说："舌头之所以存在，是不是因为它柔弱？牙齿之所以没有了，是不是因为它太刚强？"

常摐的眼睛突然放出光来，赞道："太好了！"然后说："我已经把天下的道理给你讲完了，再没有什么要说的了。"

张其口而示老子曰："吾舌存乎？"老子曰："然。""吾齿存乎？"老子曰："亡。"常摐曰："子知之乎？"老子曰："夫舌之存也，岂非以其柔耶？齿之亡也，岂非以其刚耶？"常曰："嘻！是已，天下之事已尽矣！"

——（汉）刘向《说苑·敬慎》

简议

这是一则著名的寓言式故事。牙齿和舌头分别是人身体上最坚硬和最柔韧的部位，老子从它们的不同命运体味出生存的一个基本法则，就是柔弱胜刚强。在老子看来，柔韧是生命的特征，是活力的体现。他说："人活着的时候，身体是柔软的，死后就会伸直僵硬。万物草木生长的时候是柔软而富于弹性的，死后就会变得干硬枯萎。所以说，坚硬刚强属于死亡一类，柔韧绵软属于生命一类……凡是强盛的就处于下降趋势，凡是柔弱的就处于上升趋势。"[①]从人到自然物都是这样，因此以柔韧的态度来处世，是符合"道"也

---

① 人之生也柔弱，其死也坚强；草木之生也柔脆，其死也枯槁。故坚强者死之徒，柔弱者生之徒……坚强者处下，柔弱者处上。（《老子·第七十六章》）

就是与通行天下的根本道理相一致的。

　　那么，为什么说柔弱胜过刚强呢？

　　首先，从品质上看，柔弱更有利于生存。老子说："天下最柔弱的东西，能够在天下极坚硬的东西里穿行无阻。空虚无形之物，能够进入没有缝隙的东西中。"①水是最柔弱的东西，却可以将石山切割成纵横的沟壑，空气无形，却可以从墙体进入屋内。处世也是这样，别人刚强，你比他还要刚强，以硬碰硬，结果多半是两败俱伤，所谓杀敌一千，自损八百；即使侥幸占了上风，也是暂时的，因为强中更有强中手，指不定哪天碰上更强大的对手，那时大难就临头了。所以，强硬是不成熟的表现。相反，柔弱却常常能够达到目的，做人低调，不与周围发生正面冲突，有话好好说，别人反而更容易接受你的意见。

　　其次，从谋略上看，柔弱能够带来更好的效果。老子说："要想收缩它，必先有意扩张它；要想削弱它，必先有意增强它；要想除掉它，必先有意交好它；要想夺取它，必先有意给予它。这叫微妙的谋略。因此，柔能够胜刚，弱能够胜强。"②柔弱的谋略就是从与目的相反的方面入手，推动它尽快地达到顶点，让它自己走向反面。譬如，对于强大的对手，不是去简单地抑制它，而是顺着它来，帮助它更加强大，过于强大就会骄傲、轻率，容易犯错误，陷于孤立，成为众矢之的，自取灭亡。

_____

① 天下之至柔，驰骋于天下之至坚；出于无有，入于无间。(《老子·第四十三章》)
② 将欲翕之，必固张之；将欲弱之，必固强之；将欲废之，必固举之；将欲取之，必固与之；是谓微明。柔胜刚，弱胜强。(《老子·第三十六章》)

　　再次，从人心上看，柔弱能够积聚、激发更大的力量。在道家那里，柔意味着慈，故有时称为慈柔，也就是退让、慈爱。老子曾打过两个比方来说明慈柔。一个是江海和溪流，江海之所以能如此博大，是因为它处在比溪流还要低的地方，从而汇集溪流之水（《老子·第六十六章》）。自觉地处于低位，就是退让和慈爱。另一个是两军对战，我宁可后退一尺，也不前进一寸，表现出退让和慈爱，但对方却紧逼不舍，在这种情况下，我无路可退，悲愤不已，只有一搏，而结果是哀兵必胜（《老子·第六十九章》）。

　　柔弱比刚强好。

忍 让

回放

孔子周游列国，被围困在陈国与蔡国交界之处长达七天。一个名叫任的老人前去慰问他。

老人问："您差点死了吧？"

孔子点点头。

老人又问："您怕死吗？"

孔子说："当然。"

"好。"老人满意地看着孔子，"那我就试着说说不死的方法。东海有一只鸟，名字叫意怠。这只鸟呆头呆脑，动作笨拙，看上去一点本事都没有，让同伴领着才能飞，挤在大家中间才能歇息。前进不敢飞在前面，后退不敢落在后面，吃食不敢先下嘴，总是吃剩下的。别看它笨，但同群的鸟儿谁也不排斥它，外边的人也始终伤害不了它，祸患也就离它远远的了。"

孔子认真听着，看得出来他在思索其中的道理。

"长得直的树会被先砍倒，水质甘甜的井会先遭到枯竭。"老人铺垫了两句，话锋一转，说到孔子身上，"为什么祸患总是伴随着你呢？因为你总是打扮成智慧的样子，惊动了愚昧的世人。我听得道的人说过：'自我夸耀功劳的人就没有了功劳，他的功业会遭到众人否定，名声会被贬损。'人的表现应该朴实平常，让人觉得没有什么目的，这样就不会引起别人注意；人的行为应该不留形迹，抛弃权势功名，这样就不会发生争夺。进入最高道德境界的人不求闻名于世，你为什么如此热衷于功名呢？"

"说得好啊！"孔子说。于是他断绝了从前的交往，离开弟子，逃进了大泽。他穿兽皮和粗布做的衣服，吃野生的橡子和栗子。进入兽群，野兽不乱窜；进入鸟群，野鸟不乱飞。连鸟兽都不嫌弃他，更何况是人呢？

原 文 摘 要

孔子围于陈蔡之间，七日不火食。太公任往吊之，曰："子几死乎？"曰："然。""子恶死乎？"曰："然。"任曰："予尝言不死之道。东海有鸟焉，其名曰意怠。其为鸟也，翂（fēn）翂翐（zhì）翐，而似无能，引援而飞，迫胁而栖。进不敢为前，退不敢为后；食不敢先尝，必取其绪。是故其行列不斥，而外人卒不得害，是以免于患……纯纯常常，乃比于狂；削迹捐势，不为功名，是故无责于人，人亦无责焉。至人不闻，子何喜哉？"孔子曰："善哉！"

——《庄子·山木》

简 议

忍让就是与世无争。

庄子还举过一个小例子，一个人想过河，渡船停在对岸。如果那只船是空的，即使他性子再急，也不会发怒；要是艄公在船上，一定会喊他把船划过来，喊一次不听，便喊两次，还是不听，便接着喊，声音中的怨恨之气也越来越大。这完全是因为人引起的。要想避免伤害应该怎么做呢？庄子主张应当采取"虚己"的处世态度，就是只当没有自己，把自己看成"无"，也就是前面所说的"不自我"，谁还能跟一个"无"过不去呢？（《庄子·山木》）故事中的那只海鸟就是这样一个"无"，既不抢先，也不落后，好吃的让别人先享用，从来不争夺什么，总是与大家保持一致，无论是内部的伤害还是外部的伤害，都落不到它头上。

而道家眼中的孔子就不同了，儒家把自己看成是智慧的化身，总是想使别人接受他们的主张，从而不可避免地陷于争，争道理、争名声、争权位、争立功，所以不仅活得累，而且麻烦不断，祸害连连。

忍让才是明智的生活态度。为什么这样说呢？

首先，忍让可以赢得别人的信任与好感。庄子打过一个比方，铁匠冶炼一块金属，打算按照自己的设想做成一件东西。不料金属跳着脚喊："我一定要成为一把最著名的宝剑！"怎么样？铁匠肯定会不高兴，认为它成心捣乱（《庄子·大宗师》）。相反，如果金属没有个人要求，不争什么，任由铁匠安排，决不会造成这样的印象。

其次，忍让可以免于树敌。争夺总是发生在双方之间，一件东西，你想得到，别人也想得到，这就引起了争。争夺就会树敌，造成伤害。如果你不去争这件东西，那么就不会有人找你的麻烦，所以老子说："正因为与人无争，所以没有一个人能跟他相争。"①

---

① 夫唯不争，故天下莫能与之争。（《老子·第二十二章》）

庄子也说:"不伤害外界,外界也不会来伤害。只有无所伤害,才能应对与人的来往。"①

　　再次,忍让有利于和谐相处。道家所谓的不争,并非什么都不要,而是除了本来属于自己的东西,不再去争夺。譬如,万物在大地上都有自己的位置,天降甘露,每一个事物都能得到,这就是它应得的,满足于属于自己的那一份,不再有非分之想,这就是适可而止。做到了这一点,就不会有争夺和伤害,万物就可以和谐共处。

　　忍让比争夺好。

---

① 不伤物者,物亦不能伤也。唯无所伤者,为能与人相将迎。(《庄子·知北游》)

顺 应

鲁国贤人颜阖（hé）将要去给卫国的太子当老师。这位太子生性残暴，如果不严加管束势必危害国家前途，可要是管教得太严又可能得罪他而被他所伤害。颜阖没了主意，去找卫国的大夫蘧（qú）伯玉请教。

蘧伯玉说："您可一定要特别注意，特别小心啊！还是先从您自己做起吧！外表上最好亲近他，内心里最好顺从他。这里最重要的是不能把二者搞颠倒了。如果外表上顺从他，放任自流，就会培养出一个妖孽；如果内心里亲近他，纵容娇惯，也会助长他的暴戾，所以对他都没有好处。"

亲近好懂，做老师的对待学生当然要像亲人一样，但顺从怎么讲呢？

见颜阖不明白，蘧伯玉解释道："他如果是个天真的孩子，你就要像对待天真的孩子那样与他打交道；他如果是个随意的孩子，你就要像对待随意的孩子那样与他打交道；他如果是个无拘无束的孩子，你就要像对待无拘无束的孩子那样与他打交道。跟他对脾气了，就可以教育他了。"

颜阖明白了，就是顺着他的性子来。这能教育好学生吗？

见颜阖不大接受，蘧伯玉开导道："没听说过螳臂挡车吗？螳螂以为它的臂膀有多么厉害，竟然愤怒地挥舞着它要挡住巨大的车轮，它的狂妄和可笑来自过分放大自己。你可千万不要重蹈覆辙呀！如果你过分坚持自己，一定会惹翻他，那你就跟螳螂差不多了。"

原文摘要

颜阖将傅卫灵公太子，而问于蘧伯玉……蘧伯玉曰："善哉问乎！戒之，慎之！正女身也哉！形莫若就，心莫若和……彼且为婴儿，亦与之为婴儿；彼且为无町畦（tǐng qí），亦与之为无町畦；彼且为无崖，亦与之为无崖。达之，入于无疵。汝不知夫螳螂乎？怒其臂以当车辙，不知其不胜任也，是其才之美者也。戒之，慎之！积伐而美者以犯之，几矣。"

——《庄子·人间世》

简　议

从这个故事我们可以看出，顺应就是不与外界相对抗，不跟他人别着劲儿来，当然也不是随风倒、跟着跑。在道家那里，顺应不是策略，而是内心的一种认识，无论是生死那样的大问题，还是接物待人的日常生活小事，都一概采取顺应的态度。

那么，怎样才能做到顺应呢？主要有三点。

第一，放弃自我。老子说："圣人永远没有主观偏私，以百姓的意志为自己的意志……圣人治理天下，与百姓和顺相合。"① 什

① 圣人常无心，以百姓之心为心……圣人之在天下，歙歙焉。（《老子·第四十九章》）

么是以百姓的意志为自己的意志？老子举例说，对于善良的人，圣人善待他，对于不善良的人，圣人照样善待他；对于守信的人，圣人信任他，对于不守信的人，圣人照样信任他。这里，善良和守信就是百姓的普遍意志。如果他只是善待和信任一部分百姓，而对另一部分百姓采取相反的态度，那么，就表明他有偏私。圣人不是这样，他没有自我，百姓的意志就是他的意志，所以百姓也用善良和信任回报他。

第二，不强求。庄子认为，苛求定然会引发别人的敌意，造成难以预料的恶果。因此在他看来，刻意改变别人对你的要求，强人所难地去达成，乃是最坏事的做法（《庄子·人间世》）。

第三，不多事。老子主张"事无事，味无味"（《老子·第六十三章》）。意思是以不搅扰的方式去对待事情，就像以恬淡无味的感觉来对待味道一样。口舌在无味的情况下才能准确地品尝出味道，事情的发展只有在不受干扰的情况下才能不偏离方向。因此要想把事情办好，就不要节外生枝。

顺应往往比对抗能收到更好的效果。这方面最有说服力的证据就是治水。上古时候，洪水大泛滥，舜命令鲧（gǔn）负责治水。鲧的法子是"堙（yīn）"，也就是水来土挡，筑堤填土，结果适得其反，劳民伤财不说，反而助长了水势。鲧的儿子禹继承了他的事业，接着治水，但采取的办法正好相反，不是堵而是"导"，也就是疏通江河水道，把洪水引入大海。禹成功了，治住了洪水。之所以两种结果，是因为鲧逆着水的本性来，而禹则顺着水的本性做。

顺应比对抗好。

自　主

 回　放

周文王到渭水一带巡视，遇见一位钓鱼的老人。虽说是在垂钓，但又不是有心钓鱼的样子，随意得很。

周文王打算提拔他，想把国家政务交给他管理。然而如此破格重用一个山野老人，肯定会引起自己的族人和大夫们的不安，遭到大家的反对。但如果迁就权贵们，放弃对人才的重用，又对不起国家和百姓。周文王想了又想，终于有了主意。

早朝时他把大夫们叫到一块儿，说："昨天我梦见一位高人，两颊垂着黑色的胡须。骑一匹杂色马，马蹄的一边是红色的。他命令我把国政交给在渭水垂钓的老人，在他的治理下，百姓的疾苦也许可以解除。"

大夫们惊讶地说："梦中的高人是先王啊。"

周文王提议："要不要重用垂钓渭水的老人，我们占卜一下。"

大夫们说："既然是先王的命令，没有什么可犹豫的，又何必占卜呢？"

就这样，垂钓渭水的老人被迎接来掌管朝政。

三年后，周文王到各地巡视，一切井井有条。士人解散了宗派，思想统一了；官员不再追求个人业绩，同心同德了；诸侯不敢与国家争利，俯首帖耳了。

颜回问孔子："周文王有那么高的德行和威望还不够吗？为什

么还要编出个梦来达到自己的目的呢？"孔子说："不可以乱讲。周文王的做法可以说是到头了，你又有什么可以评论的！他这样做是为了暂时顺应大家罢了。"

原 文 摘 要

文王观于臧，见一丈夫钓。而其钓莫钓，非持其钓有钓者也，常钓也。文王欲举而授之政，而恐大臣父兄之弗安也；欲终而释之，而不忍百姓之无天也。于是旦而属之大夫曰："昔者寡人梦见良人，黑色而髯，乘驳马而偏朱蹄，号曰：'寓而政于臧丈人，庶几乎民有瘳（chōu）乎！'"诸大夫蹴然曰："先君王也。"……遂迎臧丈人而授之政。

——《庄子·田子方》

简 议

这个故事告诉我们，顺应以及容忍、柔韧，不是一味地去讨好别人，向外界妥协，而是坚持自己的主见和原则，以曲折迂回的路线，以大家都能接受的方式来实现自己的意图。对于这一点，庄子这样表达："古代的人，外在行为随着事物的变化但内心不变化；现在的人，内心追随事物的变化但外在行为不能随之变化。正因为内心守持着不变，才能做到外在行为随着事物变化。"① 以不变应

---

① 古之人，外化而内不化；今之人，内化而外不化。与物化者，一不化者也。（《庄子·知北游》）

万变，以万变来守持不变，表现出来的就是人的自主性，也就是庄子所说的"顺人而不失己"（《庄子·外物》）。

什么是以万变来守持不变？庄子讲过一个著名的寓言：朝三暮四。有一个饲养猴子的人，用橡实做饲料。他对猴子们宣布："往后早饭给你们三升，晚饭给四升。"众猴一听，纷纷朝他瞪眼、龇牙、吼叫，表示强烈抗议。那人做出妥协的样子，说："那好吧，要不早饭给四升，晚饭给三升。"猴子们高兴得跳跃欢呼，有的还翻起了斤斗。其实，两次说的话无论是在"名"上还是在"实"上，本质上是一样的，只不过是按照猴子的喜怒来做，顺应它们的性子罢了（《庄子·齐物论》）。这里，饲料没有变化，总量也没有变化，只是外在数量组合形式变了。

庄子看不起那种一味阿谀奉承的人。他说，父母说的话不管是对还是错，儿子一概说对；父母做的事情不管是好还是坏，儿子一概说好——人们把这种阿谀双亲的人称为不肖子。君主说的话不管是对还是错，臣子一概说对；君主做的事情不管是好还是坏，臣子一概说好——人们把这种讨好君主的人称为不肖臣。同样的，跟着世俗走，众人认为是对的，他就说对；众人认为是好的，他就说好——这样的人是阿谀讨好世俗的人。阿谀奉承的人愚蠢而可悲（《庄子·天地》）。

所以追求"道"的人一定是坚持独立自主的人。前面我们说过，庄子主张提倡"虚己"的处世态度，也就是"不自我"，老子也主张放弃个人意志，以百姓意志为自己意志，现在又要求自主，这不是前后矛盾吗？其实不矛盾。老子所说的放弃个人意志，是指自己身上偏私的、不公正的东西，诸如过分的欲望、偏见、争强好胜、好大喜功、追求名利，等等。"虚己"要虚的正是这一部分，它与他人、外界是格格不入的，是个人生存的障碍。而对符合根本道理的东西，内心是一定要坚持的，外表上可以灵活一些，但决不能同流合污。

自主比没主见好。

拾 得

　　柔韧、忍让、顺应是与自主联系在一起的，因此不是一味的妥协和退让，而是有原则的迂回。柔顺也不是一种生存策略，不是表面上顺从、和气，而内心却抗拒、坚挺。柔顺是处世态度，外表和内心都要平和，不争夺、不强求、随遇而安、顺其自然、超然洒脱，总之，意味着一种富于弹性的人生。

　　这样的态度儒家是不会赞同的。先不说志节、责任、奋发、教化等，只说如何对待君主：按照道家的意见，应该顺着君主的脾气来，能做到什么程度就做到什么程度，就像文中引用的颜阖给卫国太子当老师的做法一样；儒家则不同，子路请教应当怎样服侍君主，孔子说："不要欺哄他，要直言进谏。"[①] 子路本来就率直得有些鲁莽，现在还要求他直言进谏，一点回旋的余地都不留。

　　这里，我们不从道德上、社会功利上比照两种态度，只从生命的角度来看一看它们的效果。

　　世界上有两类性格完全不同的人，一类被称为英雄性格，一类是常人性格。前者心气旺盛，志向高远，终身都在为建立业绩而奋斗，一心盼着出人头地。后者胸无大志，与世无争，自得其乐，满足于平凡的生活。谁的生命力更坚韧？常人。因为他们对生活很宽容，要求也不高，即便遭遇挫折或幸运，也会以早就养成的平常

---

① 子路问事君。子曰："勿欺也，而犯之。"（《论语·宪问》）

心来对待。而英雄性格的人就不一样了，他们的意愿太强烈，追求太执着，神经绷得太紧，正如一件东西被拉得过长而变得脆弱一样，他们的生命缺乏张力；他们设定的目标过高，正如下落的物体距离越长力量越大一样，他们需要承受的压力更大。缺乏张力的生命加上巨大的击打力，如同雪上加霜，英雄更容易受伤，无论是成还是败，都是如此，就像《儒林外史》中的范进中了梦寐以求的举人而发了疯那样。

有人做过测试，英雄性格的人生理上产生的荷尔蒙和消耗的热量，至少是平常人的两倍，其占有欲是平常人的五倍。按照道家的观点，过多的耗损是对生命的伤害。

显然，对个体生存而言，顺从的处世态度更为有利。

但也有不利的方面，这就是过分的顺应会导致退化。根据进化论，"物竞天择，适者生存"，生命的本性就是适应。然而这里有个度，超过了度就会造成"特化"现象，从而使物种走上生存危机的道路。比如大角鹿。角是鹿的天然武器，角大的战斗力强，于是生存下来的都是角大的鹿，它们的后代也继承了大角基因。一代又一代，鹿的角越来越大，后来竟然发展到比半个身子还要大。由于头上的角太大太重了，跳不起来跑不动，也不好隐蔽，防御功能日益退化，在食肉类动物的攻击面前一筹莫展，终于导致种群灭绝。例子说的是动物，其中的道理对人也适用，过于强调顺应，会消磨个人进取心，瓦解社会进化。

使英雄最不平的是，生活的逻辑往往与人的意愿相反：拼了命去争的，就是得不到；不去争的，好事却偏偏落到头上。譬如体育比赛。一心想争第一的人，尽管技压群雄，多半铩羽而归，反而是那些低调的选手，最后戴上胜利者的桂冠。为什么会是这样？因为拼命去争的人，势必成为众矢之的，短处暴露在大家面前，所以很容易被击垮，而不争的人悄无声息，没人把他当作对手，没有敌人的人其实是最强大的，这也就是人们说的"以不争为争"。老子这样说："委曲反而能保全，弯曲反而能伸直，低凹反而能积满，陈旧反而能出新，少取反而能多得，贪多反而会迷惑。"①生活的逻辑就是这样。

---

① 曲则全，枉则直，洼则盈，敝则新，少则得，多则惑。（《老子·第二十二章》)

隐蔽比显露好

柔还有另一层意思，
就是隐蔽，含而不露。
隐蔽加上前面说的柔顺，
处世便有了双重保险。

不显露

 回放

纪渻（shěng）子为周朝的天子周宣王驯养斗鸡。刚到十天，周王就问："斗鸡驯养成了吗？"纪渻子摇摇头，答道："还没有，鸡的身上有一种虚浮骄傲的劲头，一副意气冲动的样子。"

又过去十天，周宣王又问："差不多了吧？"纪渻子还是摇摇头，说："还差着呢，它一听到鸡叫声、一见到鸡的影子，就跳着要去斗。"

又过去十天，周宣王又问："这回行了吧？"纪渻子仍然摇摇头，"还不行，它眼睛里带着仇恨，依然没有消除怒气。"

又是十天后，周宣王问："成功了吧？"纪渻子点点头，"差不多了。如今别的斗鸡即使在它耳边打鸣，它也无动于衷，就像一只木头鸡似的。它的斗鸡品性已经完备了，没有对手敢于应战，一见到它，掉头就逃。"

相反的是一只猴子。

吴王泛舟江上，登上猕猴山。猴子们看到他，"轰"的就散了，纷纷钻进荆棘丛中隐藏起来。唯独有一只猴子不怕吴王，上蹿下跳，炫耀它的灵巧。吴王取出弓箭，"嗖"的一声射过去。不想那只猴子伸出长长的手臂，一下子抓住了箭杆。吴王大怒，下令随从放箭。雨点般的箭飞向猴子，它本领再大也躲不过去，抱着树死去了。

吴王回头对他的朋友说："看到了吧？这只猴子自以为本领

高强，倚仗着身体灵巧戏弄我，结果丢掉了小命。要引以为戒啊，千万不要在神态上流露出对别人的傲慢。"

纪渻子为王养斗鸡。十日而问："鸡已乎？"曰："未也，方虚憍而恃气。"十日又问。曰："未也。犹应向景。"十日又问。曰："未也。犹疾视而盛气。"十日又问。曰："几矣。鸡虽有鸣者，已无变矣。望之似木鸡矣，其德全矣。异鸡无敢应者，反走矣。"

吴王浮于江，登乎狙（jū）之山。众狙见之，恂（xún）然弃而走，逃于深蓁（zhēn）。有一狙焉，委蛇攫搔，见巧乎王，王射之，敏给搏捷矢。王命相者趋射之，狙执死。王顾谓其友颜不疑曰："之狙也，伐其巧，恃其便以敖予，以至此殛（jí）也。戒之哉！嗟乎，无以汝色骄人哉！"

——《庄子·达生》《庄子·涂无鬼》

简　议

斗鸡和猴子，都有一身本领，但由于表现不同，一个隐蔽，一个张扬，所带来的结局也就截然不同，斗鸡没人敢惹，而猴子则丢了性命。

有本领容易得罪人，不能显露，那么没有本领呢？庄子曾讲过两件事：大树和家鹅。有一棵大树枝繁叶茂，特别显眼。庄子心里奇怪，就问人们为什么不砍倒它做东西。得到的回答是：别看这棵树大，但枝干的形态弯曲不正，主干布满裂纹，用它做棺材很快就会腐朽，做器皿很快就会毁坏，做房门很快就会流淌汁液，做梁柱很快就会遭受虫蛀。这是一棵不成材的树，没有一点用处。庄子来到朋友家，主人很热情，吩咐孩子杀鹅待客。孩子问："一只鹅会叫，一只鹅不会叫，请问杀哪一只？"主人说："杀不会叫的。"鹅能看家护院，见了生人便鸣叫示警，不会叫的鹅是没有用处的(《庄子·山木》)。这就表明，没有本领最好也不要显露，因为世事难以预料。

显露招致灾祸，这并不一定触犯了谁。庄子举例子说，狐狸和豹子栖息在山林里，昼伏夜出，不到饥渴得受不了的地步绝不出来觅食，但就这样，还是免不了被人捕杀的命运。它们什么过错也没有，是那身丰厚和美丽的皮毛害了它们（《庄子·山木》）。所以不要以为与世无争就可以避免祸患，没有的事，要想平安度日，还必须善于隐蔽。

小人物需要隐蔽，大人物同样需要隐蔽，隐蔽成就了圣贤。老子说："圣贤秉承道的原则而为天下树立了典范，不自以为是，所以才声名显扬；不自我显露，所以才自明；不自我夸耀，所以才见功；不自以为贤能，所以才服众。"①

隐蔽比显露好。

---

① 是以圣人抱一为天下式。不自见，故明；不自是，故彰；不自伐，故有功；不自矜，故长。（《老子·第二十二章》）

不超群

回　放

　　杨朱与老子相约出游。途中老子仰天长叹："最初我以为你还可以教诲，现在看来不行啊。"杨朱沉默不语。

　　到了旅舍，杨朱恭恭敬敬地送来洗漱用具，把鞋子脱在门外，跪着走到老子面前，说："方才先生忙着赶路，弟子没敢开口。请问，我什么地方做错了？"

　　老子说："你高扬着脑袋，眼睛向上，一副自命不凡的样子，谁愿意跟你相处？最白的东西看上去像是有污点，最有道德的人看上去像是有所不足，是这个道理吗？"

　　杨朱面容骤变，说："我明白先生的教导了。"

　　杨朱刚到旅舍的时候，伙计把他迎进门，主人亲自安排席位，主人的妻子服侍洗漱，别的客人起身腾地方，烤火的人让出位置。等他离开的时候，大家已经跟他抢席位了。

原 文 摘 要

　　老子中道仰天而叹曰："始以汝为可教，今不可也。"……老子曰："而睢（suī）睢盱（xū）盱，而谁与居？大白若辱，盛德若不足。"阳子居蹴然变容曰："敬闻命矣。"其往也，舍者迎将其家，公执席，妻执巾栉（zhì），舍者避席，炀（yáng）者避灶。其反也，舍者与之争席矣。

——《庄子·寓言》

简 议

杨朱是战国时期著名哲学家，主张"贵生""重己"，这与道家相接近，但又因为过于极端，宣称拔一根毫毛而利于天下的事情也不会去做，与道家"贵公"的宗旨相对立，又有些法家的味道。

这个故事中，最初的杨朱是一个特殊人物，因为有学问有名声，自我感觉极好，谁也瞧不起，高高在上，盛气凌人，弄得大家把他当作另类，敬而远之。其实这是最糟糕最危险的。对个体生存来说，哪里最有保证？族群。无论是食肉动物还是食草动物，一般来说最怕的就是落单，被逐出群体往往是最残酷的惩罚，脱离族群是最危险的事情。动物们都知道这一点。狮子和狼要想捕捉住羚羊、斑马、水牛，必须采用集群作战，轮番冲击，将猎物目标从群体中分割出来，然后再围而歼之，而猎物总是拼死挣扎逃回群体，只要回到群体就能活下来。

人类也是这样，从战争到个人生存，遵循的都是这个规则。"木秀于林，风必摧之"，讲的就是这个道理。大风袭来，如果树木都差不多高，大家平均受力，风造成的伤害也就降到了最低；如果一棵树高出所有的树，风的力量就由它独自承受，非被摧毁不可，所以孤独的个体抗风险能力最差。然而，人们却常常忽略这一点，杨朱就是一例。没人驱逐他，是他把自个儿放逐了，他自以为高人一等，脱离了大众，到了这一步，灾祸离他也就不远了。

所以，道家主张混同于大众。老子说："聪明人不言说与众不同的东西，哗众的人不高明。明智的人堵塞感受外界的知觉，关闭追求知识的心思，收敛思想的光辉，放下架子混同于尘俗，磨掉个性的锋芒，超脱各种纷争，做到了这些，可以说就进入了与万物同一的境界。"① 这就是说，明智的人决不表现出一点儿特别，为此不惜以大众的口味来修正自己的所思所为。

　　要与大众保持一致，特别应该注意不要以标新立异来显示自己，不出人头地，不把个人凌驾于大家之上，也就是"不敢为天下先"（《老子·第六十七章》）。出头的椽子先烂，争先、拔尖不是什么好事情。

　　那么，具体怎样做才合适呢？庄子的办法是："做好事不要贪图名声，做坏事不要触犯刑律，把这个上限和下限之间的范围作为日常行为的通道，就可以维护身体，可以保全生命，可以奉养亲人，可以享受天年。"②

　　大众化比特立独行好。

---

① 知者弗言，言者弗知。塞其兑，闭其门，和其光，同其尘，挫其锐，解其纷，是谓玄同。（《老子·第五十六章》）
② 为善无近名，为恶无近刑，缘督以为经，可以保身，可以全生，可以养亲，可以尽天年。（《庄子·养生主》）

不逞能

有个叫孙休的人，去见他的老师扁庆子。

孙休向老师诉苦："我住在乡下，没听人说我的品行修养不努力；面对危险，也没有人说我不勇敢。可是奇怪了，我田地里的庄稼总是得不到好收成，出去做事总是不受重用，而且还遭到乡里人排挤，现在又被州郡的官吏赶了出来。我的命怎么就这样苦，究竟什么地方得罪了上天呢？"

扁庆子看了学生一眼，说："难道你就没听说过至人是如何处世的吗？"至人是得道的人，也就是保持自然天性的人。

孙休望着老师，摇摇头。

扁庆子说："至人处世，忘记自己的肝胆，忘记自己的耳目，茫茫然徘徊在喧闹的世俗之外，自然而然地干着没有事业的事情，这就叫作虽然干了事，但不自居有功，虽然管了事，但不自居领导。可你——"扁庆子叹了口气，"你却表现出一副比众人高明的样子，非要显示出别人的愚笨；表现出一副比众人高尚的样子，非要显示出别人的污浊，你的处世就像是高高举着明晃晃的月亮在人们面前招摇一样。"

顿了顿，扁庆子加重语气说："告诉你，你身无残疾，没有成为聋子、瞎子、拐子、跛子，已经够幸运的了，还有什么资格去埋怨上天呢！"

原 文 摘 要

有孙休者，踵（zhǒng）门而诧子扁庆子……扁子曰："子独不闻夫至人之自行邪？忘其肝胆，遗其耳目，芒然彷徨乎尘垢之外，逍遥乎无事之业，是谓为而不恃，长而不宰。今汝饰知以惊愚，修身以明污，昭昭乎若揭日月而行也。"

——《庄子·达生》

简 议

孙休是个不幸的人，倒霉的事一件接着一件，最后连落脚的地方都没有。不是他不努力，而是因为他太努力了，他的心气高，干什么都非要把别人比下去不可，处处不忘显示自己比别人有能耐。抱着这样的心态，即使事情做得再成功，行为表现得再高尚，也无人喝彩，因为你把别人当成了反衬自己的工具。你本事大，别人确实争不过你，但可以找你的麻烦，短处谁都有，而你的缺点最好抓，你举着明晃晃的月亮招摇过市，长处被放大的同时，短处也被放大了。这就是孙休的悲剧。他的老师说得对，他怨不得上天不公正，应该埋怨的是他自己。

与孙休的做法相反的是庄子讲的另一个故事中的女子。前面说过的那个杨朱住进旅舍，见到主人的两个小妾，一个漂亮，一个丑陋。奇怪得很，漂亮的被冷落，丑陋的反倒得宠。杨朱问其中缘故。主人说："漂亮的自去漂亮好了，我看不出她漂亮；丑陋的自去丑陋好了，我看不出她丑陋。"杨朱对弟子们说："记住了，行为要贤能，但一定不要以自己的贤能打压别人，这样的人到哪里能不受欢迎呢？"（《庄子·山木》）漂亮的女人为自己的容颜而骄傲，丑陋的女人根本不介意自己的丑陋，该做什么就做什么，她的德行赢得了主人的尊重。

逞能常常是弱者的行为，弱者总想证明自己并不弱，所以就故意做出来给人看，由于是"做"出来的，其中就难免有夸张的成分，因此逞能往往不可靠，俗话说"半瓶子醋乱晃荡"，就包含了这个意思。

相反，越是强大的也就越是沉默的。正如老子所说，聪明人不炫耀知识的广博（"知者不博"），事业有成的人不自居有功（"成功而弗居也"）。他以战争为例，这样说："善于用兵的人，只要取得胜利就可以了，不要用武力来逞强。胜利了不要骄傲，胜利了不要自大，胜利了不要夸耀，胜利是出于不得已，这就叫作取胜而不逞强。"①

不逞能比争强斗胜好。

---

① 善者果而已矣，毋以取强焉。果而毋骄，果而勿矜，果而勿伐，果而毋得也。居是，谓果而不强。（《老子·第三十章》）

拾　得

与上节所说的柔顺一样，隐蔽也不是生存策略，不是把真相隐匿起来，而是处世态度，要求人们真正从思想观念上解决问题，认识到不炫耀才符合天下的根本道理。老子和庄子主张的隐蔽与所谓的"小隐隐于野，中隐隐于市，大隐隐于朝"不同，后者主要讲的是空间，村野、市镇、官场都是地点，这样的隐匿其实是逃避，是犯了事的人、得罪了人的人、失意的人的一种无奈选择。老子和庄子强调的则是价值观，与逃避无关，作为群体中的个体，不管在什么地方、什么时间，都一定不要脱离大家。这样看来，道家是主张入世的，这种入世与儒家有着很大区别。儒家的入世意味着个人奋斗以及对社会的积极主动干预、改造，高扬着精英式的壮烈情怀，而道家则要冷静平和得多，走的是一条平民化、大众化的路子。

隐蔽与柔顺一起，构成了一种完整的处世观念，可称之为"柔"。我们曾强调，柔顺不是顺风倒式的机会主义，而是建立在自主前提下的超然洒脱；隐蔽也不是弱者的行为，而是强者照顾到大众的一种表现。自主和强大恰恰是"柔"的内核。用老子的话说，就是"知其雄，守其雌，为天下溪"（《老子·第二十八章》）。深知雄强，却安守着柔弱的地位，心甘情愿地做天下的溪流。溪流在大地上的位置是最低的，然而却汇聚了四面八方的来水，所以又是最充实的。老子说："坚守着柔弱叫作强。"[1] 这个思想用形象来

---

[1]　守弱曰强。（《老子·第五十二章》）

表示，就是太极图中的阴阳合抱。

按照我们祖先宇宙起源的观念，世界以及万事万物是由阴和阳这两种因素或力量构成的，所谓的"负阴而抱阳"（《老子·第四十二章》），两个基本方面相互包含、渗透。太极图中白色部分（阳）环抱着黑，黑色部分（阴）环抱着白，表示的就是这种情况。"柔"是阴的特点，所以人们常把阴与柔联系在一起，称之为阴柔。强大者正像图中的情况一样，阳被阴包裹着，阴被阳包裹着，也就是老子说的"知雄守雌"。

这表明，"柔"的处世观念有着宇宙论方面的根据，具有无比的优越性与实效性。换句话说，也就是知道抱阳守阴并且去实行的人，其生命或生存能力是最顽强的。这种认识在西方文化中也有所反映。柏拉图（希腊，公元前 427～前 347）曾讲过一个古老的传说。从前，人是男女合一的整体，体力和精神都异常强壮，野心也随之膨胀起来，最后竟然想开辟一条通天之路，与诸神一决高下。神界主宰宙斯得知这个消息，便召集诸神会商。结论是决不能向人类让步，原则是既要削弱他们的力量同时又保存人类，具体办法是把每个人都劈成两半，使他们成为弱者。于是，人就被分开了，变成了现在的样子：男人和女人。然而，人们并不甘心，这一半总是思念着那一半，想重新合而为一，找回从前的自我。于是，这种冲动便演化为爱情，表现为两性间的追求。爱情一旦实现，双方就紧紧拥抱在一起，结成一体，发誓永不分离。如果其中的一半死了，另一半还活着，那么剩下的一半就开始新的追求，直到找到新的一半。雌雄同体——用老子的话说就是"知雄守雌"——是强大的、自信的表现，连天神都为之战栗。

　　由于道家"贵柔"，而"柔"又是女性的典型特征，所以有人推测道家思想可以追溯到母系氏族社会，其生命意识、平等意识、群体意识和质朴的社会观念等都是那个时代的印记。是否如此，难以证明，但认为道家思想更多的是女性的人格与智慧的升华应该是没有什么疑问的。若如此，儒家思想则是男性智慧的精义。这样看，就形成了中国文化史上一个意味深长的现象，正如我们祖先所认为的宇宙万物是由阴阳两种力量构成的一样，文化也是阴阳对立统一的结果，道家和儒家就是传统文化的两个根。所以林语堂先生说儒家思想和道家思想是中国人灵魂的两个面孔，用理论术语来表达，就是儒道互补，可以说也就是阴阳合抱吧。

　　处世光有态度还不够，还要遵循人与人之间关系的准则，也就一定要涉及道德。那么，道家在道德问题上的立场是怎样的呢？

两 LIANG

种 ZHONG

道 DAO

德 DE

要 义

　　有两种德行，即世俗道德和真正的道德，
它们的根本区别在于与"道"的关系不一样。
世俗道德带来的是混乱和虚伪，导致人们追求
名利，是背离人的天性的，所以应该被破除。
真正的道德以真实、生命、和谐为基础，应该
得到复兴。

中华优秀传统文化是什么

道家第一课

世俗道德不足取

世俗道德是根本道理遭到荒废的时代的产物，
它与人的天性是相背离的。
为什么这样说呢？

道德与乱世

回放

啮（niè）缺半路上碰到了自己的学生许由，许由曾经做过黄帝的老师。见许由慌里慌张的，啮缺就问："由，你这是到哪里去？"

许由朝后看了看，压低声音说："我正在躲避尧。"

"你躲他干吗？"啮缺好奇地问。

许由见没人追上来，喘了口气，说："他想把天子的位置让给我，我不干。"

"为什么不干？"啮缺又问。

"这个尧孜孜不倦地推行仁爱，我怕跟他在一起会遭到天下人的嘲笑。这么搞下去，恐怕到了后世，人与人就要互相为食了。唉——"许由摇摇头，接着说，"尧的做法一定会造成族群分裂的。给一些人爱护，他们就会亲近你；给他们利益，他们就会投靠你；给他们赞扬，他们就会努力为你做事；要是得罪他们，他们就会离开你。爱护和利益是什么，不就是仁义吗？现在是拒绝仁义的人少，希望从仁义中获得好处的人多。所以，仁义一旦推行起来，就一定会破坏人的淳朴，造成人们之间相互反对。尧是只知道行仁义的贤人有利于天下的治理，却不知道这也会危害天下啊。唉——"许由又叹息一声，摇了摇头。

原 文 摘 要

许由曰:"夫尧畜畜然仁,吾恐其为天下笑。后世其人与人相食与!……爱利出乎仁义,捐仁义者寡,利仁义者众。夫仁义之行,唯且无诚,且假乎禽贪者器。是以一人之断制利天下,譬之犹一瞥(piē)也!夫尧知贤人之利天下也,而不知其贼天下也。"

——《庄子·涂无鬼》

简 议

仁是儒家道德的核心。在道家看来,儒家所倡导的道德或者说世俗道德是与世道的混乱联系在一起的。

在老子那里,道与德是分开讲的。道的本义是路径,用在哲学理论上有本原、法则的意义,为宇宙万物所共有。"德"通"得",表示的是人对道的认识、获得,并由此形成自己的行动准则。换句话说,道是德的根据,德是道的运用,这样的德才是真正的道德。老子说的"孔德之容,唯道是从"(《老子·第二十一章》,"大德所表现出来的,只是遵从于道"),庄子说的"道者,德之钦也"(《庄子·庚桑楚》,"道是德的依靠"),表达的就是这个意思。然而,人们却时常背离这个关系,为德而德,用老子的话说就是不问道是怎样的,只是去刻意表现德,譬如,不管人家愿意不愿意,撸胳膊挽袖子强拉硬拽地非让大家按照礼的规范去做,这样的德不顺奉道,儒家道德就属于这一类。

那么,为什么说儒家道德是与乱世相联系的呢?庄子认为,在伏羲氏、神农氏的时代——也就是我们说的氏族社会——人们对道的认识是一致的,实行的是"同德",行为自然而然,无所谓仁义忠孝,当然也就没有这一帮那一派的分别。后来的天子,主要是尧和舜,人为地去倡导仁、推行义,造成人们相互猜疑,和谐统一的局面随之被打破了。

扰乱天下的人往往以仁义道德为手段聚众闹事。庄子讲过这样一个小故事:大强盗跖(盗跖)的手下向他请教:"做强盗的也有道德吗?""当然。"跖说:"猜测别人家里有什么东西,这是圣明;带头闯进事主家里,这是勇;惊动了四邻,慌乱之中最后一个逃出来,这是义;分析事主情况,决定能不能下手,这是智;抢来了东西,能够平均分配给大家,这是仁。听着,不具备这五种德行而能成为大盗的,天下还没有。"(《庄子·胠箧(qū qiè)》)这是强盗,学者也好不到哪儿去。庄子挖苦说:如今竟有人伸长了脖子,踮起脚后跟,号召道,"某地有贤人,让我们背着粮食去追随他吧"。

人们一旦分裂成不同族群,就有了自己的认知标准,有了是非区别。正如庄子讲的那样,毛嫱(qiáng)和丽姬是举世闻名的美女,但鱼儿见到她们就吓得沉入水底,麋鹿见到她们就惊得掉头逃窜,这就是标准不同。标准不同必然造成争辩、错乱乃至相互攻击。

由于仁义道德是从外部强加于人的,两种情况就不可避免:一是上面说过的利用道德以营私,一是无可适从而乱行。庄子曾做过这样一个比喻:弓、弩、罗网之类的机关技巧多了,鸟儿就会在天上乱飞;钓饵、渔网、渔篓这些机关技巧多了,鱼儿就会在水中乱撞；木桩、兽网、翻板这些机关技巧多了，野兽就会在荒野上乱窜；欺骗、奸邪、狡诈、诡辩、争论等权变多了，世人就会迷失于方向。结果，弄得就连地下蠕动的小虫，天上飞来飞去的蛾子都失去了本性（《庄子·胠箧》）。道德规矩越多，人们逆反心理越大，弄到最后，大家索性不去遵从礼制规范，乱来了。

道德与名利

回放

宋国东城门一带，有一个人的父亲去世了。他悲伤欲绝，身形消瘦，骨头一根根凸了出来，面容也变得认不出来了。宋国的国君很为他的孝道所感动，封给他官师的职位。

这件事传出去以后，他的同乡纷纷效仿，因为亲人去世而悲伤过度的人很多，其中有些人竟然因此而死去。

尧打算把天子位置让给许由，许由逃掉了。商朝的汤帝打算把天下让给高士务光，务光勃然大怒。另一个高士纪他听说了，担心商汤找到自己头上，连忙带着弟子跑到窾（kuǎn）水边上藏起来。诸侯们怕他跳河，纷纷前去慰问他。三年之后，高士申徒狄因为劝说商汤而自己的意见没有被采纳，抱着石头跳河死了。

原文摘要

演门有亲死者，以善毁爵为官师，其党人毁而死者半。尧以许由天下，许由逃之；汤与务光，务光怒之。纪他闻之，帅弟子而踆（cūn）于窾水，诸侯吊之。三年，申徒狄因以踣（bó）河。

——《庄子·外物》

简议

这个故事中的人物分为两类：一类是那些宋国人和高士申徒狄，

另一类是隐士许由、务光和纪他。两类人的价值标准不一样，前者追求的是名声和利益；后者则完全相反，他们崇尚的是一种自然而然、自由自在的生活，视名利如灾难，避之唯恐不及。

宋国人以及申徒狄为什么能收获名声和利益？因为他们的行为符合世俗道德，符合当权者的需要。做儿子的一定要尽孝，服侍和遵从父亲；做臣民的一定要尽忠，全心全意地为君主着想，孝与忠的推行，有利于维护社会基本秩序，所以得到统治者的尊崇。在这里，世俗道德起着导向作用。只要人们按照道德规范去做，就可以得到好处。

庄子认为，自夏商周三代以来，很少有人能够不受仁义道德的蛊惑而不去追名逐利的，小人为了物质利益而殉身，士人为了名声而殉身，贵族大夫为了采邑封地而殉身，圣人为了天下而殉身。凡此种种，看上去是正当的，其实本质上与盗跖并没有多少区别。为什么这样说呢？

庄子举例说，一个叫臧的人和一个叫谷的人一块放羊，结果没看住，羊跑丢了。主人问臧怎么回事，臧说我带着简册读书去了；主人又问谷当时在干什么，谷回答带着赌具玩去了。他俩干的事不一样，但造成丢了羊的后果是一样的。这正如伯夷为了博得贤名，死在了首阳山下，而盗跖为了私利死在了东陵山上，两个人的死因不同，但都是为了外物而殉身（《庄子·骈拇》）。盗窃一类的恶行导致的是死于非命，世俗道德提倡的善行导致的也是死于非命，二者对人的生命造成的损害是一样的。

道德与虚伪

儒生举着《诗经》和《礼经》的招牌去盗墓。大儒在坟墓外面望风，小儒在坟墓里面干活。

大儒提醒小儒："东方已经发白，里面收拾得如何？"

小儒答道："正在为其宽衣解带，口中所含珠玉尚未收拾干净。"

大儒叮嘱道："《诗经》曰：'青青麦苗，长满山坡。活着不施舍，死后何必含玉珠？'听好了，挤压尸首的两鬓，按住他的下巴，用铁锥撬开牙齿，然后慢慢分开两颊。注意，下手要轻，千万别弄坏了嘴里的珠子。"

儒以《诗》《礼》发冢，大儒胪（lú）传曰："东方作矣，事之何若？"小儒曰："未解裙襦（rú），口中有珠。""《诗》固有之曰：'青青之麦，生于陵陂（bēi）。生不布施，死何含珠为？'接其鬓，压其颥（huì），儒以金椎控其颐，涂别其颊，无伤口中珠。"

——《庄子·外物》

简议

庄子的这篇寓言充满了象征意味。盗墓代表罪恶，儒生代表道德，儒生成为盗墓主角，象征的是道德为罪恶开辟道路，用今天的文学语言来表达，就是阳光下的罪恶。

盗墓是最不道德的行为，不只是对财产的侵犯，而且也是对人的侵犯——既侮辱死者的身体，又伤害生者的心灵。然而这样伤天害理的罪恶行径，竟然是满口仁义道德的儒家子弟干出来的。他们明明心怀叵测，做的是坏事，但一定要打着正义旗号，既欺骗世人又给自己打气壮胆，于是他们手捧着儒家经典《诗经》和《礼经》出发了。那么凭什么抢夺死人嘴里的珠子呢？他们的理由充足得很：你生前为富不仁，死后我们也不义。有诗为证："青青麦苗，长满山坡。活着不施舍，死后何必含玉珠？"行的是罪恶，却一定要找出冠冕堂皇的理由，这就是虚伪。对于儒家道德，庄子曾这样说："礼相伪也。"（《庄子·知北游》）意思是说，礼制所教给人的是表面的虚伪。

庄子批判的是儒家，揭露的却是当时社会的道德衰败，人们的调子尽管很高，但内心却很冷漠，甚至荒凉、麻木到了缺乏起码的同情心的地步。这在庄子那篇著名的借粮寓言中表现得淋漓尽致。庄子家里很穷，一连几天揭不开锅，便去向大贵族监河侯求助。监河侯痛快地说："行。我封地的税赋很快就会送过来，到时候借给你300镒（yì）金子好吗？"1镒合20两，真是大手笔，一开口就是6000两金子，慷慨得很。庄子气得脸都变了颜色，说："昨天我到您这儿米，半道上听见呼救声，回头一瞧，车辙沟里躺着一条鲫鱼。它求我给它一升水。我说，好吧，正巧我打算到南方去游说吴越王，到时候引来西江的滔滔大水来接应你，你看行吗？鲫鱼说，眼下我只要一升水就能活命，你却说什么引来滔滔大水，还不

如趁早到卖鱼干的地方去找我呢！"（《庄子·外物》）

　　监河侯根本不想借给庄子粮食，但他顾脸面，说不出口，怕人骂他小气、为富不仁、缺乏爱心。他也不能借口自己家里没有粮食，一个权位仅次于国君的大贵族家里竟然无粮，谁信？所以他就往后推，似乎是因为当下手头紧，能够拿出手的东西太少，不符合他的身份，等到税赋收上来，就可以大把地撒钱了。虚伪到这个份儿上，都是世俗道德惹的祸，如果社会不倡导仁义，人们就会怎么想的就怎么说、怎么做，不必推来推去。

道德与人性

孔子想把自己收集到的经典藏到周王室的档案馆里，去找负责征集、收藏文献的史官老子想办法。

孔子说明来意，老子不答应。孔子不甘心，翻着书指给老子看，反复陈述理由。

老子有点烦了，打断他的话头说："您扯得太远了，请着重说说要旨吧。"

孔子顿了顿，说："要旨就是要讲仁义。"

老子微微一笑，"请问，仁义是人的天性吗？"

"当然是。"孔子答道。"君子缺少了仁就不能成就事业，缺少了义就不能在世上立身。仁义确实是人的天性，如果不是仁义还能是什么呢？"

"请问，什么叫仁义？"老子接着问。

"心中正直，对自己和他人都实行仁爱，不存私心，这就是仁义的情理。"孔子从容地说。

"噫。"老子感叹一声，说："有一点接近仁义的道理了，但没有触及根本啊！既爱自己又爱别人，不是离仁义的本义太远了吗？你所谓的仁爱有确定的对象，只要有所指，就不能做到一律对待，势必有所偏向，所以你所谓的无私其实就是有私。"

顿了顿，老子继续说："先生您推行仁义，不就是想使天下不失去控制吗？然而，天地运行本来就有自己的法则，日月本来就有自己的光亮，星辰本来就有自己的序列，禽兽本来就有自己的群体，树木本来就有自己生长的地方。先生您只要任由它们按照固有的规则去运行，遵循天道自然而然，这就足够了，何必竭力去标榜仁义呢？这就好比敲锣打鼓去寻找丢失的孩子，而孩子本来就在您身边一样。先生这是在扰乱人的天性啊！"

孔子曰："要在仁义。"老聃（dān）曰："请问，仁义，人之大性邪？"孔子曰："然。君子不仁则不成，不义则不生。仁义，真人之性也，又将奚为矣？"老聃曰："请问，何谓仁义？"孔子曰："中心物恺，兼爱无私，此仁义之情也。"老聃曰："噫，几乎后言！夫兼爱，不亦迂乎？无私焉，乃私也！夫子若欲使天下无失其牧乎？则天地固有常矣，日月固有明矣，星辰固有列矣，禽兽固有群矣，树木固有立矣。夫子亦放德而行，循道而趋，已至矣！又何偈（jié）偈乎揭仁义，若击鼓而求亡子焉！噫，夫子乱人之性也！"

——《庄子·天道》

在这个故事里，老子对儒家的仁义做出了颠覆性的解说。在《儒家第一课》一书中我们讲过，儒家所主张的爱人虽然泛指爱一切人，但爱的程度、秩序是有区别的，爱亲人胜过爱乡人，爱乡人胜过爱国人，爱国人胜过爱人类，爱人类胜过爱物质。在道家看来，这就是偏私。所以老子说孔子坚持的仁义其实只是与真正的仁义沾了点儿边。庄子曾以讥讽的口吻举过这样一个例子：宋国的大宰向他请教什么是仁。他答道，虎狼就是仁。大宰惊愕万分，虎狼是人们心目中凶残的代表，怎么竟成了仁义典型？庄子反问道，虎狼虽然凶恶，但父子之间相亲爱，怎么不是仁？

那么，为什么说儒家主张的仁义不符合人的本性呢？还看刚才的例子。大宰无言以对，只好退一步，请教什么是至仁。庄子的回答是去除了亲情的爱就是至仁（《庄子·天运》）。意思是不要刻意地去做，不要因为履行责任或者遵守规矩才去做，这样的仁爱才符合人的天性。道理很简单，因为这样的仁爱是人的自然而然的行为，不感到丝毫的负担和多余。而儒家的仁义就不同了，它是从外面强加于人的，时时提醒你，你是儿子，必须去尽孝，你不照着去做，舆论就谴责你。庄子说："依靠曲尺、墨线、圆规来校正东西，是损害事物的天性；依靠绳索捆绑、胶漆粘连来加固东西，是伤害事物的品质。让人躬身曲背地去按照礼乐的要求去执行，为表现仁义而做出一副悲天悯人的样子，以此来抚慰天下人心，是违背人的自然本性。"①

是以仁义来互相关爱好呢，还是保持自然而然的状态好呢？道家选择后者。庄子说："泉水干涸了，鱼儿被困在陆地上，它们相互向对方吹送湿润的气息，还吐出最后一点吐沫滋润对方，然而，

---

① 且夫待钩绳规矩而正者，是削其性者也；待绳约胶漆而固者，是侵其德者也。屈折礼乐，呴俞仁义，以慰天下之心者，此失其常然也。（《庄子·骈拇》）

这哪如谁也不理谁地在江湖里畅游呢。"①仁义尽管可以温暖我们的心，但仍旧不如自立和自由所带来的欢乐多。

道德对人的生存来说并不是必要的。《庄子》中有一类非常特殊的人，他们或者极其丑陋，或者身体残缺，但活得都很好，有的人格魅力甚至超过了孔子。譬如，支离疏，他的脊背深深地弯下去，下巴贴到肚脐上，肩膀高过头顶，臀部朝上，两肋支在大腿上。就是这样一个人，靠给人缝洗衣服，足以糊口；有时候还给人算算卦，挣的钱可以养活十几口人。别看老天没有给他一个健全的身形，但给了他好运气。国家征调兵丁、劳役，没他的事，而救助弱势群体，每次又都落不下他（《庄子·人间世》）。支离疏这类人象征着道德上有缺陷的人，也就是不按照世俗规矩生活的人，用庄子的话说就是"异于世俗而合于天然的人"（"畸于人而侔（móu）于天"，《庄子·大宗师》）。庄子以此来说明，世俗道德纯属多余，庄子曾把仁义比喻为"骈拇"，也就是人手上多长出来的第六根指头。多余是最糟糕的，它是在天然之上的增加，是天性的变形，是生活的累赘。

---

① 泉涸，鱼相与处于陆，相呴以湿，相濡以沫，不如相忘于江湖。（《庄子·大宗师》）

拾　得

在道家看来，儒家倡导的仁义道德或者说世俗道德，并不是从来就有的，而是一种历史现象。这个认识集中反映在老子那句惊世骇俗的话中："大道废，有仁义。智慧出，有大伪。六亲不和，有孝慈。国家昏乱，有忠臣。"（《老子·第十八章》）意思是，根本道理的权威被废弃了，才有了对仁义的推崇。心机智巧出现了，才有了严重的诈伪行为。父子、兄弟、夫妇之间失和了，才有了对孝慈的提倡。国家政治昏乱动荡了，才有了忠臣品格的显现。

这个意思庄子也讲过。在他的思想中，曾经有一个理想社会，那是一个"道德完美的时代，不崇尚贤明，不任用能人……人人都正直无私，所以无所谓义；人人都相亲相爱，所以无所谓仁；人人都诚实不欺，所以无所谓忠；人人都说到做到，所以无所谓信；人人都互利互惠，所以无所谓恩。"[1] 但这种情形后来变了，出现了仁义道德，过程大致是这样："失去了道然后才讲德，失去了德然后才讲仁，失去了仁然后才讲义，失去了义然后才讲礼。"[2]

这就是说，从前的道德与世俗道德虽然都包含仁义等内容，但二者有着根本区别，前者是"道"的本质体现，后者则是"道"被荒废的结果；前者是自然而然的，后者则是人为制造出来的；前者

---

[1]　至德之世，不尚贤，不使能……端正而不知以为义，相爱而不知以为仁，实而不知以为忠，当而不知以为信，蠢动而相使不以为赐。（《庄子·天地》）

[2]　失道而后德，失德而后仁，失仁而后义，失义而后礼。（《庄子·知北游》）

是自觉自愿的，后者则是从社会方面强加于人的。譬如，一个人帮助别人，如果出于本能或者说下意识，也就是说什么都不为，没有个人目的，就属于前者；要是为了获得好名声、得到物质回报，或者是为了做好事而去做好事，包括为了良心、为了实现道德规范等，则属于后者。

前面说过，在老子那里，道与德是分开讲的，道是德的根据，德是道的运用。而现在世俗道德却把这种关系彻底分离了，这样，世俗道德尽管也还是一种道德，但缺乏真实可靠的根基，变成了一种与人对立的、压迫人的力量。

庄子曾讲过这样一个寓言：有一只海鸟落到了鲁国都城的郊外，鲁国的国君将它迎接到宗庙，设酒宴款待。演奏的是舜帝时期的名乐"九韶"，膳食是猪牛羊都齐备的最高规格的"太牢"。怎么样？鸟儿眼花缭乱，忧愁悲哀，不敢吃一块肉，不敢饮一杯酒，三天就死了。庄子说，这是按照自己的习性来养鸟，不是按照鸟的习性来养鸟。鸟本来栖息在丛林，游戏在河洲，漂泊在江湖，以泥鳅和小鱼为食，随着鸟群飞翔和歇息，自由自在地生活，它们最厌恶的就是人的打扰，现在可好了，四面八方都是人（《庄子·至乐》）。正如"九韶""太牢"不属于海鸟一样，仁义道德再动听、再美好，也不属于本真的人。

这种认识很容易使人联想起西方哲学的异化思想。所谓异化，指的是这样一种现象，原本属于人的东西分裂出去，变成异于人的力量，反过来统治人、支配人。道德是人这个族类的行为，是人脱离动物界从而成为社会存在物的一个重要标志，它应该服从人的需要，被人所支配。然而情况却不是这样，道德成了一个独立的精神和制度实体，反过来统治人。不管人们愿意不愿意，都必须无条件地按照它的要求去做，否则就会受到社会的谴责和惩罚，这就是道德的异化。譬如，在前面说过的"抱柱信"尾生那里，道德就表现为独立的力量，不再是属于人的了，它不是帮助尾生摆脱困境，而是把他推上绝路，使他不是为了人去行动，而是为了某个规范而殉身。

道家对世俗道德的批判，无疑对儒家大力倡导的道德化的生活方式和思维方式起着瓦解作用，是对当时社会价值导向的一个纠正，其基本要求就是打破社会束缚而回归自然的、本真的、自由的人生。

那么，瓦解世俗道德、打破社会束缚是否意味着根本就不需要道德呢？不是。在道家那里，道德仍然是不可或缺的，他们破除世俗道德正是为了给真正的道德开辟道路。

真正的道德是什么

真正的道德是怎样的？
或者说它具有哪些特点？

以真实为前提

孔子在外面游历，遇到一位老人，人们叫他渔父。

孔子向渔父请教。渔父说："如果你能够通过修身守住本真，与世无争，就没有什么拖累了。"

孔子心中一亮，恭恭敬敬地问："请问什么是真？"

渔父说："真乃是精诚的极致状态。不精不诚是不能打动人的。强作哭泣的人，看上去悲痛，却绝不哀伤；强作愤怒的人，看上去厉害，却绝不威严；强作亲爱的人，看上去和蔼，却绝不切近。出于真心的悲痛，即使还没有出声但已经悲戚动人了；出于真心的愤怒，即使还没有发作但已经让人感到威慑了；出于真心的亲近，即使还没有露出笑意但已经让人感到亲和了。只有心是真诚的，表现出来的神态也才能有感染力，这就是真的可贵之处。"

真属于诚的范围，是诚的精魄。孔子听明白了，点了点头。

渔父继续说："把真诚用在道德上，对待亲人自然就会慈孝，侍奉君主自然就会忠贞，饮酒聚会自然就会欢乐，身处丧事自然就会悲哀。"

"你说的是遵守礼制吧？"孔子试着问。

"不。"渔父摇摇头，"礼仪制度是世俗人为的规定，真诚是天赋予人的本性。世俗的东西可以改变，自然本性是恒常不变的。所以圣人效法天道，以真诚为贵，根本不拘泥于世俗，而愚蠢的人正好相反。你把天道放在一边，处处照顾世俗看法，不知道真诚的可贵，庸人自扰地随波逐流，所以是人为有余而真诚不足。可惜啊，你在人情世故中陷得太深了、太久了。"

孔子愀（qiǎo）然曰："请问何谓真？"客曰："真者，精诚之至也。不精不诚，不能动人。故强哭者，虽悲不哀；强怒者，虽严不威；强亲者，虽笑不和。真悲无声而哀，真怒未发而威，真亲未笑而和。真在内者，神动于外，是所以贵真也。其用于人理也，事亲则慈孝，事君则忠贞，饮酒则欢乐，处丧则悲哀……礼者，世俗之所为也；真者，所以受于天也；自然不可易也。故圣人法天贵真，不拘于俗。"

——《庄子·渔父》

简 议

这个故事告诉我们，尽管人们做着同一件事情，但存在着真实和虚假之分。刻意按照规范去做而内心却不触动的，是虚假；不管规范如何要求，出于本心去做的，是真实。这就是说，世间存在着两种德行，一种是人为的也就是世俗的德行，另一种是由人的天性表现出来的德行。

在道家那里，违心的行为被视为最大折磨。《庄子》中有一个故事，讲的是老子死了，他的朋友秦失带着弟子上门吊唁，大哭三声就出来了。弟子觉得老师太草率了，很不满意。秦失的解释是，他进去吊唁的时候，看见许多人在哭，这些人里面，肯定有出于礼仪而哭泣的，这就违背了人的天生情感，是不真实的。自己明明没有那么哀伤，却不得不做出悲痛欲绝的样子，这份别扭好比是头朝下把人吊在房梁上，叫倒悬之苦（《庄子·养生主》）。秦失就不这样，内心是怎样想的就怎样去做，不受倒悬之苦。

正是人为的道德使人变得虚假了，所以老子主张"绝仁弃义"。他说："断绝仁的规范，抛弃义的规范，民众才能够恢复敬老爱幼的天性……使人们遵循：追求真实，坚守质朴，减少私心，削弱欲望，根绝违背人的本性的学说，保持无忧无虑的状态。"①

将人为规范抛到一边，遵从自己的本性去做，德行自然就会体现出来。譬如节俭，这是一种美德，为儒、墨、法、道各家所提倡，老子将它列为三件永远的珍宝之一（《老子·第六十七章》）。如果一个人只是在社会压力下抑制自己的欲望，不仅心理和生理上都痛苦，而且也不会长久坚持下去，常常会言行不一，当人面一套，背后又是一套。如果无所顾忌，反而会珍惜物质资料，因为从本性上说，人本来就与万物有着天然联系，就像许多人喜欢小动物一样，是亲近万物的，自然经济中的农人并不懂得多少大道理，也没人跟他们讲什么，但他们的节俭意识最自觉、最强烈，完全发自内心。

真正的道德是由真实达成的。

---

① 绝仁弃义，而民复孝慈……故令之有所属：见素抱朴，少私寡欲，绝学无忧。（《老子·第十九章》）

以生命为准则

子张与满苟得辩论道德。子张是孔子的学生，向来坚持儒家道德观念，满苟得是一个满足于苟且获得利益的人，自然看重的是实惠。

子张说："你不讲究德行，必将亲疏不分，对待贵贱的尺度掌握不当，长幼排列没有秩序。如此一来，你怎么去处理父子、君臣、夫妇、兄弟、朋友这些人伦关系呢？"

满苟得反问道："尧帝杀掉他的长子，舜帝流放他的弟弟，他们分亲疏了吗？商汤流放夏朝的桀帝，周武王杀死商朝的纣王，他们遵守贵贱有别了吗？周族的王季占据了两个哥哥的王位，周公杀了自己的兄长，他们遵守长幼有序了吗？儒家不讲真话。"

子张无言。这不是几句话能说清的事。

满苟得接着说："不要遵照你的那套标准去做，不要去为道义而献身，否则会失去你本来应该做的事；也不要把追求德行的完善作为目标，不要去为名声而献身，否则会失去你的天性。比干被挖了心，伍子胥被挖了眼，这是忠心的祸患；直躬揭发自己父亲偷了别人的羊，尾生抱着桥柱子被洪水淹死，这是诚信的祸患；鲍焦抱着大树干枯而死，申生不做分辩而自杀，这是清廉的祸患；孔子不见母亲，匡子不见父亲，这是道义的错误。这些都是从前传下来的并为后人所褒奖的士人的美德，按照这个标准来纠正自己的言论、端正自己的行为，没有不倒霉的。"

满苟得曰："……无转而行，无成而义，将失而所为。无赴而富，无殉而成，将弃而天。比干剖心，子胥抉眼，忠之祸也；直躬证父，尾生溺死，信之患也；鲍子立干，申子不自理，廉之害也；孔子不见母，匡子不见父，义之失也。此上世之所传、下世之所语以为士者，正其言，必其行，故服其殃，离其患也。"

——《庄子·盗跖》

简 议

比干是商纣王的叔叔、大臣，纣王荒淫无道，比干拼死谏诤，被纣王开胸取心；伍子胥是春秋时期吴王夫差的大臣，夫差被宿敌越王勾践所迷惑，伍子胥多次劝谏，终于触怒夫差，被赐自尽，比干和伍子胥是忠臣的典型。直躬是楚国人，他的父亲偷了人家的羊，他到官府去检举，受到表扬，后来官府判他父亲死罪，他又要求代父亲去死；尾生与一个女子相约在桥下见面，没有等到女子，洪水来了，尾生不肯走，抱着桥柱子淹死了，直躬和尾生是诚信的典型。鲍焦是周朝隐士，不做天子的臣民，捡拾橡树的果实充饥，孔子的学生子贡问他，你自视清高，但脚下踩的土地是属于君主的，吃的橡实也是属于君主的，这又怎么讲呢？于是鲍焦抱着大树活活地枯死了；申生是春秋时期晋国的太子，他的父亲听信骊姬的谗言要杀掉他，申生怕父亲为难，不做任何分辩就自杀了，鲍焦和申生是清廉的典型。孔子因为自己的母亲与父亲的结合不符合礼俗，便不见母亲；匡子是齐国贤士，因为劝诫自己的父亲而遭到嫉恨，离家出走，孔子和匡子是道义的典型。在道家看来，上面这些人实际上是仁义道德的牺牲品。这就从反面告诉我们，真正的道德是不会蔑视生命的。

《庄子》中有个以宰羊为业名叫屠羊说（yuè）的楚国人，吴国军队打过来，楚王出逃，他跟着逃跑，楚王回国后要封赏他。他说，现在我又可以从事宰羊的营生了，爵禄已经恢复了，用不着再奖赏了。楚王坚持赏他。他又说，当初我是因为害怕才跟着跑的，不是有意追随大王，实在没什么可奖赏的。楚王认为他懂道理，封给他三公的高位。他说，我知道三公的地位比宰羊的人高得多，俸禄比卖肉得到的收入多得多，但我怎么可以因为贪图爵禄而使大王蒙受滥用赏赐的名声呢？就这样，屠羊说始终没有离开他的老本行。这就是屠羊说的德行，用世俗道德来衡量，面对强敌而逃跑，谈不上勇敢；虽然跟随国君，但纯粹是为了自己活命，也谈不上忠诚；对于国君的邀请推三阻四，也谈不上负责任。但用道家眼光来看，这些恰恰说明他是一个有德之人，其所作所为不受世俗约束，都是围绕生命展开的。他不是跟着世俗道德走，而是跟着生命走。

道家特别注重从维护生命的角度来解释道德规范。譬如勇。老子说："勇敢用于争强好胜定然伤及生命，勇敢不用于刚硬才能活得很好。人们用对了勇敢就会受益，用错了勇敢就会惹祸。"[1]《淮

---

[1]　勇于敢则杀，勇于不敢则活。此两者，或利或害。（《老子·第七十三章》）

南子》对这句话发表议论说：“由此看来，所谓大勇，反而是不勇敢了。”① 显然，真正的勇敢必须有利于生存。

再如，谦虚。这是老子谈论得最多的一个规范，它包含不争、隐藏、急流勇退、虚己、不自以为是、卑下、减损、收敛、柔顺等诸多含义。这种种要求无一不是生存所必须遵守的。以急流勇退为例，老子说：“积累达到满盈，不如趁早停止；锥锻造得尖锐锋利，不能长久保全；金玉满堂，没有谁能够守得住；富贵而骄奢，就给自己埋下了祸根。功业完成，就应该急流勇退，这才是顺应自然的道理。”②

真正的道德是尊重生命的。

---

① 由此观之，大勇反为不勇耳。（《淮南子·道应训》）
② 持而盈之，不如其已。揣而锐之，不可长保。金玉满堂，莫之能守。贵富而骄，自遗其咎。功遂身退，天之道哉。（《老子·第九章》）

以和谐为目的

回放

有一个人，住在楚国的国都郢（yǐng），人们叫他郢人。他把石灰涂在鼻尖上，就涂了那么一点点，薄得像是苍蝇的翅膀。然后找到石匠，让他用手中的斧子把自己鼻子上的石灰削掉。

石匠二话不说，伸出大拇指试试斧头的锋刃，发出"霍霍"的细响，锋利得很。他手一扬，斧子旋风般的朝郢人劈下去。就这么随便一下，石灰被削得干干净净，一星半点都没有留下，而郢人的鼻子丝毫未损，别说碰破表皮了，就是连颜色都没有变。再看郢人的神色，随意得很，眼睛都不眨一眨，就像什么事情都没有发生过一样。

宋国的国君宋元君听说了这件事，就把石匠召来，吩咐道："为寡人试着演示一遍。"石匠摇摇头，说："我曾经可以做到，但现在跟我配合的对象已经死了。"

原文摘要

郢人垩（è）慢其鼻端若蝇翼，使匠石斫（zhuó）之。匠石运斤成风，听而斫之，尽垩而鼻不伤，郢人立不失容。宋元君闻之，召匠石曰："尝试为寡人为之。"匠石曰："臣则尝能斫之。虽然，臣之质死久矣。"

——《庄子·涂无鬼》

简 议

同属道家的列子也讲过一个类似的故事：俞伯牙与钟子期。他们一个是奏琴大师，一个是欣赏大家，俞伯牙将心中所思所想用琴声表达出来，钟子期都领会得分毫不差。郢人与石匠、俞伯牙与钟子期是和谐的人际关系的理想代表，令人心想之，神追之。

其实，道家所大力提倡的柔顺和隐蔽，就是为了创造一个既有利于自己也有利于他人的、大家和谐相处的生存环境，由此可以说，真正的道德必须有助于这一目的的实现。老子说："知和曰常。"（《老子·第五十五章》）意思是，知道了和谐才可以说是懂得了宇宙的根本规则，也可以理解为，对和谐的认识乃是人间道德的实质。这从道家对几种道德规范的解释中也可以看出来。

智，这是一个基本规范，道家摈弃了其中智巧、心机、谋略的一面，将其浓缩为对"道"的理解、对人的认识。老子说："知道了和谐为永恒规则，才可以说是明智的。"① 又说："善于了解别人，叫作智慧；能够认识自己，叫作明智。善于战胜别人，叫作力量；能够战胜自己，叫作强大。"② 把认识自己放在认识他人之上，把战胜自己放在战胜他人之上，突出的都是以克制自我而求得和谐。

宽，也是一个基本规范，在这个规范中，道家强调的仍然是和谐。为了求和谐，老子甚至主张"报怨以德"（《老子·第

---

① 知常曰明。（《老子·第五十五章》）
② 知人者智，自知者明。胜人者有力，自胜者强。（《老子·第三十三章》）

六十三章》），用恩德报答怨恨，宽得没边了。老子这样说："对于善良的人，我和善地对待他；对于不善良的人，我还是和善地对待他，这样可使人心向善，从而得到善的德行。对于守信的人，我信任他；对于不守信的人，我还是信任他，这样可使人心诚实，从而得到信的德行。"①大家都善良、都守信了，人与人之间自然也就和谐一致了。

　　真正的道德是走向和谐的。

---

① 善者吾善之，不善者吾亦善之，得善。信者吾信之，不信者吾亦信之，得信。(《老子·第四十九章》)

拾 得

　　道家道德的树立，不是重建，而是复兴，其中的内容更多的不是来自当时社会实际发展需要的启示，而是源自过去理想时代的美好记忆，处处流露出浓重的怀旧情绪。不难看出，这种心想之、行随之而同时又能在社会畅通无阻的德行，这种高扬个体生命于规范之上而同时又能被他人所容纳的德行，这种以德报怨来求生存而同时又能换来和谐局面的德行，在现实生活中是很难被社会广泛接受的。远古时代是否盛行过这样的道德，已无从考证，但其中肯定加入了理想修饰的成分。

　　用今天的眼光来评判，建立在真实、生命、和谐基础上的道德，可以说高度体现了现代精神，代表了人类发展的主潮，表达了个人意志与群体规则相统一、自然生命与社会要求相统一、尊重自我与照顾他人相统一的愿望。如果说这种道德在过去曾经存在过，那么它在将来的实现，就是一次否定之否定，而起自有文字记载的时代到我们今天经历着的时代，则是三段发展的中间阶段，或许我们可以将儒家道德视为这一阶段的代表。

　　为什么说道家道德具有合理性呢？用道家的话来说，就是因为这样的德与"道"是融为一体的。前面提过，道家把"道"看作是德的根据，把德看作是对"道"的认识和运用。其实说得彻底一些，"道"与德是一而二、二而一的关系，不是有一个"道"放在那里，人们有了对它的认识然后再按照它的要求去实行，而是人的自然而然的行为中，本身就体现出了"道"，也就是从天性上说，人本来就是真实的、关注生命的、追求和谐的，所以人们对"道"的认识实际上包括了自我认识，是这种认识的提升，因此人们才将道与德连用，称之为道德。这样的德在老子那里就是上德，而按照仁义一套外在形式刻意去做的德则是下德。老子说："上德的人无须规范就能做得很好，因此是真正有德。下德的人离开规范就不知道如何做，因此实际上没有达到德。"①

《庄子》中有这样一段对话：尧说，自己心里始终装着那些穷苦百姓，善待孩童，同情妇女。舜说，您做得已经很好了，但器局还是小了些。尧问应该怎样改进。舜启示他要效法天道。尧说："你认识到了应该合于天道，而我的认识还停留在与人道相合上。"（《庄子·天道》）天道也就是"道"，人道则是人间的道理。人的德行如果只是符合人道，做得再努力，也还是没有跳出老子说的下德；只有能够体现出天道来，才是上德。庄子认为："不懂得天的人，德行就不可能纯真，不通达'道'的人，干什么都行不通。"② 在这一点上，君子和小人没有区别，小人一味追求财物是背离"道"，君子一心追求名声也是背离"道"（《庄子·盗跖》）。这就是说，人是否有德行，不由世俗标准决定，而由"道"说了算。

那么，"道"又是什么呢？

---

① 上德不德，是以有德。下德不失德，是以无德。（《老子·第三十八章》）
② 不明于天者，不纯于德；不通于道者，无自而可。（《庄子·在宥（yòu）》）

自
ZI

然
RAN

最
ZUI

伟
WEI

大
DA

要义

　　"道"是宇宙的根本，它具有最大的普遍性和包容性，是静止与运动的统一，其本质特征是自然而然。人作为天地的产物，本性是自然性，凡是刻意而为的世俗规则、道德、秩序，都是对人性的束缚。

中华优秀传统文化是什么

道家第一课

"道"是自然而然的状态

"道"是道家学说的核心概念，

也是最抽象、最难懂的概念，

搞清什么是"道"以及它有哪些特点，

对我们深入了解道家思想是非常必要的。

什么是道

有几位高士，他们分别叫泰清、无穷、无为、无始。

泰清问无穷："你懂得'道'吗？"

无穷摇摇头："不懂。"

泰清又去问无为，无为点点头："我懂。"泰清接着问："那么它是怎样的呢？"无为答道："它可以贵，可以贱；可以聚，可以散。"

泰清又去见无始，把无穷和无为的话说给他听，然后问："无穷的不懂与无为的懂，哪一个更接近'道'呢？"

无始说："说自己不懂的深刻，说自己懂的浅薄；不懂的进入'道'的内部去了，懂的还停留在表面上。"

泰清仰天叹道："说自己不懂的才是真懂，以为自己懂的实际上并不懂。唉，谁能懂得不懂的学问呢？"

无始说："'道'是听不到的，听到了就不是'道'了；'道'是看不见的，看见了就不是'道'了；'道'是说不出来的，说出来就不是'道'了。听说过使万物有形的东西本身却是无形的吗？'道'就是这样的东西。"

无始曰："道不可闻，闻而非也；道不可见，见而非也；道不

可言，言而非也。知形形之不形乎？道不当名。"

——《庄子·知北游》

简　议

这段智者的对话告诉我们，道不是具体事物，因此是人的感官所无法把捉的，也是难以言说的，它是理性的对象。《老子》开篇第一句话"道可道，非常道"说的也是这个意思。在他看来，道很难用语言来说清楚，人们所描述的道，不是恒常的或者说根本的、真正的道。

那么，理性把握的道是怎样的呢？

第一，道是天地万物的根源。老子说："有这样一个东西，他浑然一体，在天地形成之前就已经存在着了。它没有声音，没有形体，它独立自足，恒常不变，周而复始，不生不灭，可以说是天地之母。我不知道它的名字，就称其为'道'。"[①] 这种东西虽然存在着，但不是感性实体，因为它没有声音没有形体，但又不是精神，因为它仍然呈示为一种形象，只不过是混沌的、恍惚的罢了。

庄子也说："且道者，万物之所由也。"（《庄子·渔父》）"由"就是来由、根源。然而，这并不是说万物是由道派生出来的，这正如天不生育任何具体东西，万物是自己生化自己，地不生长任何具体东西，万物是自己生长自己。

---

① 有物混成，先天地生。寂兮寥兮，独立而不改，周行而不殆，可以为天地母。吾未知其名，字之曰道。（《老子·第二十五章》）

　　道不派生万物，它作为天地之母是怎样表现的呢？

　　这就是我们要说的第二点，道是天地万物的规则。老子说："道这个东西，恍惚不明似虚若有。恍惚不明啊，其中又有形象；不明恍惚啊，其中又有实物。隐微幽暗啊，其中含有万物的规则。那规则很真切，其存在无可置疑。从远古到现今，它的形态始终没有变化，遵循着万物萌生时候的样子。"① 这种混沌、恍惚、隐微幽暗，在原文中是形容"精"的，"精"可以理解为规则。规则是不能像具体事物那样呈现在人们面前的，因此我们既知道它的存在但感官又不能把握它，所以它似有非有，是有形之物中的无形，是实物中的无物。用庄子的话来说，就是"无名无实"，没有形象，没有感性实体，与"有名有实"的具体事物正好相反（《庄子·则阳》）。庄子用恬静、淡泊、寂寞、虚无、无为这些词来描述道（《庄子·天道》《庄子·刻意》），实在说不出什么具体的内容来。

　　《淮南子》中有一段论述可以帮助我们理解道是如何作为天地之母的，其中说：最初还没有天地的时候，只不过是一种无形的状态，深远昏暗，茫茫无边，混混沌沌，没有谁知道它的门道。然后有阴阳同时诞生，一起营造天和地，它们深远得没有谁知道尽头，广大得没有谁知道终止之处。于是阴阳二气就把混沌状态分成天和地，离散为八极，阴阳二气相互作用，万物就形成了（《淮南子·精神训》）。这与其说讲的是道如何产生万物，还不如说万物如何遵

---

① 道之为物，惟恍惟惚。惚兮恍兮，其中有象；恍兮惚兮，其中有物。窈兮冥兮，其中有精。其精甚真，其中有信。自今及古，其名不去，以阅众甫。（《老子·第二十一章》）

循规则。具体到事物的产生，最初是无，根本没有这个东西，然后是不同要素（阴阳）组合，由此形成了事物。事物之外并没有一个单独存在的规则，它就存在于事物之中。万事万物生生不息、循环往复的运行，就是道的展示过程。

　　总之，道是包括人与社会在内的宇宙的源头和规则，可以说是主宰人与物的最根本的道理。

道的特征

无所不在

有一个人住在城东，人们叫他东郭子。一天，他找到庄子，见面就问："你说的'道'，它在哪里？"

庄子看了他一眼，说："无处不在。"

"太空泛了。"东郭子摇摇头，"你得指明具体在什么地方才行啊。"

"在蚂蚁身上。"庄子说。

东郭子瞪大了眼睛，"什么？怎么会如此渺小卑贱呢？"

"在稊（tí）草和稗（bài）子里。"庄子继续说。

"更卑下了。"东郭子有些失望。稊草的植株跟谷苗差不多，属于杂草；稗子虽然也是谷苗，但不结谷粒。蚂蚁好歹还是动物，而稊草和稗子则是无用的植物。

"在砖头瓦块里。"庄子还没讲完。这回由活物换成死物了。

"简直不可思议！"东郭子愤愤不平。

"在屎尿里。"庄子平静地说。

东郭子不做声了，这就是"道"呀？还不如不问呢。

这时，庄子说："先生您所问的，本来就没有触及问题的实质。您不能把'道'局限在某种东西上面，没有任何一种东西能脱离'道'，主宰万物的'道'就体现在万物身上。"

　　东郭子问于庄子曰："所谓道，恶乎在？"庄子曰："无所不在。"东郭子曰："期而后可。"庄子曰："在蝼蚁。"曰："何其下邪？"曰："在稊稗。"曰："何其愈下邪？"曰："在瓦甓。"曰："何其愈甚邪？"曰："在屎溺。"东郭子不应。庄子曰："夫子之问也，固不及质……汝唯莫必，无乎逃物。"

　　　　　　　　　　　　　　　　——《庄子·知北游》

简　议

　　用哲学语言说，庄子这里讲的就是根本规则无处不在、无时不有，在空间和时间上都有着最大普遍性。庄子特别强调，每一种具体事物都有自己的边界，这个边界将事物区分开，形成了事物之间的界限，但是道没有边界，与所有具体事物也就没有界限，存在于万事万物之中，因此道是"际之不际者"（《庄子·知北游》），意思是有边界中的没有边界。庄子说："道，在宏观上无穷无尽，在微观上毫无遗漏，所以才能具备万物。广大啊，无所不包；深远啊，不可测量。"①老子也这样赞叹："大道泛兮，其可左右。"（《老子·第三十四章》）说的是道广泛博大，无所不至。

---

①　夫道，于大不终，于小不遗，故万物备。广广乎其无不容也，渊渊乎其不可测也。（《庄子·天道》）

道的这种最广泛的普遍性用一个字来表达，就是"大"。在《老子》中，"大"是一个超越凡俗、令人景仰、启发智慧的字眼，诸如大方、大器、大音、大象、大成、大盈、大直、大巧、大赢、大辩，等等。庄子也把"大"与"道"相联系，他说："知道天的大一（天道的统一），知道地的大阴（地道的阴静），知道大的眼光，知道大的运转，知道大的方术，知道大的真实，知道大的安宁，这才是最高境界。天的大一主宰万物，地的大阴养育万物，大的眼光洞察万物，大的运转安排万物，大的方术体会万物，大的真实验证万物，大的安宁守持万物。"[①]总之，道为最大，所以人只有具备大的器局，才能认识道。

自然而然

孔子对老子诉苦："我修订《诗经》《尚书》《礼经》《乐经》《周易》《春秋》六部经典，已经很长时间了，自认为掌握了其中的精义。然而，我用它游说了七十二位国君，阐述先王的治国之道，以及周公、召公的事迹，竟没有被一位国君所采纳。唉，人真是太难说服了，道真是太难说明白了。"

---

① 知大一，知大阴，知大目，知大均，知大方，知大信，知大定，至矣！大一通之，大阴解之，大目视之，大均缘之，大方体之，大信稽之，大定持之。（《庄子·徐无鬼》）

老子望了孔子一眼，说："你应当庆幸才是，多亏没有遇上想要有所作为的君主，要不然你就闯大祸了。"

孔子一惊，愕然地看着老子。

老子说："你修订的六经，那是先王留下的陈迹，不能成为治理天下的根本道理。打个比方吧，陈迹好比是脚印，脚印是脚踩出来的，我问你，脚印等于脚吗？"

这下孔子明白了，老子说的闯祸，指的是自己理解的先王那套治理办法不适用于现实。

老子自顾自地说下去："白鹢（yì）这种水鸟只要互相对视，眼珠不动，就能怀孕；有的昆虫，雄的在上风头鸣叫，雌的在下风头应和，也能怀孕，这是因为他们属于同类。我的意思是说，要是获得了道，不管在什么样的情况下，都能行得通；要是失去了道，什么情况下都行不通。"

孔子闭门三个月不出，又来见老子，说："我得道了。乌鸦、喜鹊用交尾的方式繁殖后代，鱼儿用把对方的唾液含在嘴里的方式繁殖后代，细腰蜂用抚养螟蛉幼虫的方式繁殖后代，而在人那里，生了弟弟，哥哥就哭。我作为人来说，脱离自然的时间太久了！脱离自然而做人，怎么能说服别人呢？"

"行，"老子说，"孔丘得道了！"

原文摘要

孔子不出三月，复见，曰："丘浔之矣。乌鹊孺，鱼傅沫，细要者化，有弟而兄啼。久矣，夫丘不与化为人！不与化为人，安能化人？"老子曰："可，丘得之矣！"

——《庄子·天运》

简 议

故事中的老子与孔子最根本的区别就在于，孔子要按照自己的理解、想法、方案去平天下，也就是我们说的改变世界；而老子则反对人为地干预世事，主张让世界自然而然地发展。他们一个重人为，一个重自然。所以当孔子闭门苦思三个月，说出"生了弟弟，哥哥就哭"的话时，老子祝贺他得道了。

关于人为与自然的分别，庄子有一个很生动的比喻：牛和马生长着四条腿就叫作自然，给马套上笼头，用绳子穿过牛鼻子，将牛马控制住，就叫作人为（《庄子·秋水》）。

自然而然可以说是道的最根本特征。老子说："天乃道。"（《老子·第十六章》）这里的天指的是自然，自然与道是一回事。这个意思在下面这段话里表述得更有层次性。老子说："故道大，天大，地大，人亦大。域中有四大，而人居其一焉。人法地，地法天，天法道，道法自然。"（《老子·第二十五章》）意思是说，宇宙中有四种东西最大，即道、天（这里的天指的是与大地相对应的上天）、地、人，人只是其中之一。人取法地，地取法天，天取法道，而道取法的则是自然。人之所以取法地，是因为人的形体受之于大地，精魄受之于上天，生存于天地之间，而大地具有至善的美德，承载万物。地之所以取法天，是因为天高高在上，刚健有力，运行不息，大地顺应上天的变化，依照天时而动。天之所以取法道，是因为天地是由道演化出来的。

但道还不是最终的，它要取法自然。自然不在四大之列，这说明它不是一种东西。那么它是什么呢？是一种状态、一种性质，即自然而然。它就存在于天、地、人（社会）之中，是它们的天性、本真状态，它拒绝任何人为。道取法自然，就是呈现天、地、人的自然而然。由此可以说，自然是道的本性。

正因为如此，庄子认为所谓的圣人，就是顺应自然、坚守自己天性、通达万物性情、师法天地的人。这样的人是先懂得自然，之后懂得道德，再后才懂得仁义。也就是说，自己首先站在自然的立场上，自然而然地去做应该做的事，道德也就随之树立起来了。这样的道德被庄子称为"总德"，也就是没有被人为地增加和减少过的道德，是完善的天德（《庄子·则阳》《庄子·天运》）。

既动又静

郑国有个巫师叫季咸，善于看相，列子很佩服他，就把他的情况告诉了老师壶子。壶子叮嘱列子请季咸来给自己看相。

季咸如约而至，看过了壶子后，对列子说："你的老师快死了，我看出怪异了，他的气色像是湿灰。"列子很难过，哭着把季咸的话告诉壶子。壶子说："刚才我向他显示的是大地阴静之气，他大概是看到了我闭塞生机的样子。请他再来看一看。"

过了一天，季咸又来了，看过后，脸上露出笑容，对列子说："你的老师幸亏碰到了我。有希望了，出现活气了！"列子把季咸的话告诉壶子。壶子解释道："刚才我向他展示的是天的阳动之气被大地的阴静之气包裹的样子，他大概是看到了我的生机了，请他再来。"

季咸再次看过壶子，半天不做声。列子再三追问，季咸皱着眉头说："奇怪呀，你的老师气色变化不定，实在看不准。这样好了，等哪天稳定了，我再来。"列子把这话跟壶子讲了。壶子说："我显现的是阴阳两种气息相互冲撞的样子，他大概看到了我的阴气和阳气彼此平衡，盈虚消长尚无结果，改日再请他来。"

第二天，季咸跟着列子小心翼翼地进了屋，眼睛一望，脚还没站稳，转身就逃。列子边叫边追，可季咸跑得太快了，一个转弯就没了影子。列子只好独自返回。壶子说："刚才我让他看到的是不离'大道'的样子，我顺着他随高就低，顺着他随波逐流，他看不清我是什么样的人，所以就逃掉了。"

原 文 摘 要

　　明日，又与之见壶子。立未定，自失而走……壶子曰："乡吾示之以未始出吾宗，吾与之虚而委蛇，不知其谁何，因以为弟靡，因以为波流，故逃也。"

——《庄子·应帝王》

简 议

这个故事中的壶子是得道之人，也可以说是道的代表。季咸四次见壶子，每次壶子呈现的情景都不一样，象征道是不断变化的，也就是说是处在运动中的。

从最大的方面说，道的运动表现为演变天地万物，也就是老子说的："道生一，一生二，二生三，三生万物。万物负阴而抱阳，冲气以为和。"（《老子·第四十二章》）意思是，道先是演化成混沌的元气，这是一；元气再演变为天和地，这是二；天地又演变出阴气、阳气以及和气，这是三；和气演变万物。万物都包含着阴气和阳气，这两种气息激荡碰撞，调和适中，生成新的和气。这就是道家为我们描绘的宇宙形成的图景，其中充满了变数。

就具体而言，道的运动表现为事物性质、数量的变化。庄子说："从道的角度看，有什么贵，有什么贱？一切都在向反面演化……又有什么多，有什么少？一切都在代谢中运行……道无始无终，万物有生有死，现有的形态不能永恒；万物有亏有盈，现有的亏盈不能永久。岁月留不住，时间不停息；增减无定势，发展有转向。这就是道运行的方式，万物变化的根本道理。事物一旦形成，便如同迅速奔跑一样，无时无刻不在运动变化，你说该做什么，不该做什么？万物原本就是自行变化的。"[①]

然而，万物的变化中又有着不变的东西，这就是道的规则。在老子看来，不管万物如何变化，最后都要回到起始点，也就是归于

---

① 以道观之，何贵何贱？是谓反衍……何少何多？是谓谢施……道无始终，物有生死，不恃其成。一虚一满，不位乎其形。年不可举，时不可止。消息盈虚，终则有始。是所以语大义之方，论万物之理也。物之生也，若骤若驰。无动而不变，无时而不移。何为乎？何不为乎？夫固将自化。（《庄子·秋水》）

混沌状态之前的"道",即虚无,老子把它称为"静"(《老子·第十六章》)。虚无是无有,绝对的静止。然后一切从头开始,再发生演化。这种周而复始的过程就是道的规则,不同事物尽管各有各的变化,但都遵循着同一个规则。这就从一个角度表明,道是绝对的、不变的。

关于道的变与不变,庄子这样说:"虚则静,静则动,动则得矣。"(《庄子·天道》)意思是说,虚无带来静止,静止到了一定程度就会产生运动,运动起来就会有所获得,知道应该顺应道的规则。庄子告诉大家,懂得了这个道理的人,如果是君主,就能够成为尧那样的圣明天子;如果是臣子,就能够成为舜那样的贤良大臣;如果是子民,就能够成为老子那样的睿智哲人、孔子那样的具有人格感召力的民间领袖。

大公无私

回放

有两个人,一个叫少知,一个叫大公调。

少知问:"什么是丘里之言?"丘和里都是户籍单位,十户为一丘,二十户为一里。

大公调说:"丘里就是许多不同的人集合在一起,把各自的东西合成共同的东西,把共同的东西分散为各自的东西。山丘只有把低矮的东西积累起来才能形成大山,江河只有把细流汇聚起来才能形成大海，领袖只有把众人的意见归纳在一起才能形成公论。所以一个人要想让别人接受，自己虽然有主见，但不能固执；虽然正确，但不能排他。四季气候不同，但上天对它们都一样，由此形成了岁时；五官的职责不同，但君主对他们都一样，由此形成了治理；文武才干不同，但领袖对他们都一样，由此形成了德行；万物运行不同，但道对它们都一样，由此形成了本原。比如大泽，那里生长着各种草和树；再看看大山，上面有石头和树木。这种包容不同的共同，就是丘里之言。"

少知又问："既然如此，把丘里之言称为道，可以吗？"

"不可以。"大公调说，"事物的种类多得数不清，天地是最大的空间，阴阳是最大的气息，而道则是它们的公共体。丘里之言不过是十户百人的共识，怎么能与道相比？"

原 文 摘 要

丘山积卑而为高，江河合水而为大，大人合并而为公。是以自外入者，有主而不执；由中出者，有正而不距。四时殊气，天不赐，故岁成；五官殊职，君不私，故国治；文武殊才，大人不赐，故德备；万物殊理，道不私，故无名。

——《庄子·则阳》

简 议

前面说过，道具有普遍性，普遍性也可以说是包容性，道存在于一切事物之中，也就是道包容所有事物。这个故事中的大公调告诉我们，道广大无边，所以它具有最大的包容性。包容是什么？是公。老子说："容乃公。"（《老子·第十六章》）大容就是大公。

那么，公是怎样表现的呢？

首先，公是不偏私。偏其实就是私，偏向、偏爱、偏心，或者说不能一律对待、一碗水端平等，表现的都是私。有偏私的是人，道是无所谓偏私的。老子说："天地没有偏爱，把万物看成如同草扎的狗；圣人没有偏爱，把百姓看成如同草扎的狗。"[1] 在道那里，没有谁受到特别的呵护，不管是植物、动物还是人，也不管是好人还是坏人，大家都一律平等，自然而然地生存。其实，呵护并不是真正的爱，一个在无微不至地照顾中的孩子，同时也就被剥夺了生存能力。所以，道只是自然地对待万物，阳光雨露，风霜冰雪，一样不少，该怎么着就怎么着，决不去也用不着去额外地增加仁爱。

其次，公是不表功。道演变万物，涵养万物，包容万物，这是多么广大的恩泽，但它从不表露。道没有形状，看不见；没有声音，听不到；没有体积，摸不到，这就决定了它不事张扬的品格。老子说："道无比广大啊！无所不至。万物依靠它而生存但它却从不强调，它功成业就却从不自得。它恩泽万物却从不以主宰自居，可以说是最渺小的主宰者了；万物归附于它但它却并不进行统治，可以说是最伟大的统治者了。"[2] 庄子也这样说，天地有巨大的美德，但并不言语；四季有分明的秩序，但并不议论；万物有根本的道理，

---

[1]　天地不仁，以万物为刍狗；圣人不仁，以百姓为刍狗。（《老子·第五章》）

[2]　大道泛兮，其可左右。万物恃之以生而不辞，功成而不名有。衣被万物而不为主，可名于小；万物归之而不知主，可名于大。（《老子·第三十四章》）

但并不说话（《庄子·知北游》）。譬如，圣人做了许多好事，但如果人们不告诉他，他并不知道自己在做好事。道恩泽万物是自然而然的德行，做就是了，所以无所谓表白。

再次，公是不为己。道的运行是自然过程，不是有意为之，更没有私自目的，当然也没有自己的利益。

具体到人事上，守持道就是以包容一切的心胸对待人和物，用庄子的话来说就是"畜天下""兼怀万物"；就是以平等、公正的态度对待人和物，用庄子的话来说就是"万物一齐"；就是以不分彼此、亲疏、远近的感情对待人和物，用庄子的话来说就是"至仁无亲"。做到了这些，就是大公。

《儒家第一课》一书开篇曾引用了《吕氏春秋》中的一个小品，说楚国有个人丢失了一张弓，他不去寻找，说："捡到这张弓的也是楚人，又何必去寻找？"孔子听说了这件事说："他的话中去掉那个'楚'字就恰当了。"老子听到了说："再去掉那个'人'字就更恰当了。"这里的弓比喻的是"公"，《吕氏春秋》评论说，老子的话才是最高境界的公（《吕氏春秋·贵公》）。之所以这么说，原因就在于道家所理解、所倡导的公，不仅包括了人，也包括了天地万物，不是从哪一类特定物出发，而是从最广泛的道出发，是没有疆界的。

拾 得

　　道不仅是道家追求的对象，也是儒家和其他学派追求的对象，譬如，孔子就提倡"志于道"，表示"早晨听懂了道，就是晚上死了也值得"（"朝闻道，夕死可矣"《论语·里仁》）。可以说，这种从道出发最后又归于道的模式是中国传统思想的一个特点，也是中国人思维的一个特点。干什么都一定要有根据，否则就是没道理，而没有道理的事情不只当事人心里发虚，别人也不会支持。古典小说一提到昏君，必说"某帝无道"，读者明白，这家伙要倒霉了。

　　尽管各派思想都以道为根据，但强调的程度不同，对道的理解也不同。在儒家那里，道或者表现为以"礼"为标志的秩序（孔子），或者表现为以"义"为标志的善（孟子），或者表现为以"理"为标志的规范（朱熹），总之，是从人的本质方面、道义方面来界说道的，也就是用人道来主宰天道，其中根本意图是用人的社会性克服人的自然性。而道家正好相反，道没有丝毫的人为内容，是纯粹自然而然的，其根本意图就是以天道概括人道，最大限度地恢复人的自然性。

　　但这并不妨碍儒家吸收道家思想。譬如，关于人的结构。朱熹认为，最初只有"理"（道），它没有形体，没有限度，是形而上；后来又有了阴气和阳气，这两种气相互作用产生了天地、人及万物，而在他们形成的同时，"理"也就介入了。人是由"理"和"气"

构成的，所以人一出生，心中就存在着天理，也就是仁、义、礼、智一类的道理，同时也存在着欲望，由此也就形成了天理与人欲的斗争。"理"在人之先，是根源，显然这是道家思路。

这个思路所涉及的问题是哲学本体论问题。本体论是关于存在的理论，所谓本体，指的就是世界的最终存在，它不由别的什么东西来决定，是一切事物的根源。在哲学家看来，本体具有绝对性，也就是说，它是唯一的、不变的、永恒的。道其实就是这样的本体，可以说，道是本体的中国古典式表述，它具有本体的一切特征。道是包括人在内的天地万物的唯一根源，它的规则主导世界的运行，这个规则是不变的，永远发挥着作用。由于人们从不同的角度认识道，本体也就有了不同的内容。在儒家它是道德，突出的是社会性；在道家它是自然而然，突出的是自然性。由此可以说，儒家的本体论是社会本体论，道家的本体论是自然本体论。

通过道家对道的论述，可以为我们进一步理解本书前面各部分内容提供一个坐标。按照道家态度，可以把这些内容分为两类，一是批判的，一是弘扬的。先看批判的。道家否定世俗道德，轻视财富、名利、权位这些为世人所热衷的东西，也不赞成那些改造社会环境的方案，之所以如此，是因为它们作为外在力量，干扰、中断、改变生活的自在状态，使人生扭曲变形，也就是说，是根本违背道的规则的。再看被弘扬的一类。道家高度关注生命，强调生命的价值，是由于生命才是人生的根本，延续生命才是人生的自然而然过程。道家主张复兴建立在真实、生命、和谐基础之上的道德，也是因为它排除了人为因素。同样的，道家提倡处世贵柔，也是由于这一方式体现了道的特点，道具有最大的包容性，它恩泽万物却从不表露张扬，这在人事上就是柔；道是本原，永恒不变，所以人又必须独立自主，保持刚强的一面。

总之，道是道家学说的核心，是开启道家思想的钥匙。

人性出于自然

从道的角度看，
人性就是自然性。
为什么这样说呢？

善 恶

南海之帝是儵（shū），北海之帝是忽，中央之帝是浑沌。

儵和忽经常到浑沌那里去聚会，浑沌招待他们很周到。儵与忽总想报答浑沌，他们商量说："人身上都长着七个孔，用来进行看、听、吃和呼吸，唯独浑沌没有，我们不妨试试给他凿出孔来。"

于是，他俩每天给浑沌凿一个孔，到了第七天，浑沌死了。

原 文 摘 要

南海之帝为儵，北海之帝为忽，中央之帝为浑沌。儵与忽时相与遇于浑沌之地，浑沌待之甚善。儵与忽谋报浑沌之德，曰："人皆有七窍以视听食息，此独无有，尝试凿之。"日凿一窍，七日而浑沌死。

——《庄子·应帝王》

这是一篇著名寓言。中央之帝浑沌是一个喻示，可以用来表示道、自然物、世界，也可以用来表示人。用在人身上，意思是说，人性本来是浑沌的，如果一定要打破这种状态，把世俗的东西硬加到人性上面，那么人的本性就丧失了，就像儵和忽按照他们所理解的人的样子来修饰浑沌一样。

儒家主张人性善，法家主张人性恶，而在道家看来，人性无所谓善恶，善恶不过是从外部强加在人身上的东西。老子曾经发出这样的疑问："美之与恶，相去何若？"（《老子·第二十章》）意思是说，美与丑、善与恶，它们之间的差距能有多大呢？庄子曾以英雄为例来说明善与恶的相对性，人们都说伍子胥是大英雄，他不顾个人安危竭力劝告吴王夫差，获得了忠义的美名，对道德来说是善；然而这一行为又导致他被杀，对生命来说是恶。同一件事既是善的又是恶的，说明善恶不确定，也就是不能定性。这个道理用在人性上，就是人性不分善恶，是没有任何规定性的浑沌状态。

我们不妨用今天的生活打个比方。人们说人性是善的，是由于人天生就具有同情心。一个人养了一缸金鱼，很上心，生怕它们饿着，每天都喂食。看鱼儿吃得挺欢实，便不断增加鱼食，没有几天，鱼儿就死了，是活活撑死的。再比如，有人看流浪猫可怜，便动了恻隐之心，买来食物喂它们。没过多久，猫就离不开人了，每天早早地聚在那里，等着人拿食物来吃，它们失去了独立生存的能力，完全依赖人而活着。在这里，善同时就是恶，爱等于谋杀。那么，恻隐之心还能说明人性是善的吗？

善恶本不是人天性中就有的东西，而是社会赋予人的，纯属多余。所以庄子提出"去善而自善"（《庄子·外物》），去掉世俗加在人身上的善，人自然也就善了。这就是说，正是仁义这类东西造成了人们争夺名利，名为善其实不善，抛弃道德规范，恢复人的本性，人自然而然地去做，就是善。

这样的善不是世俗意义上的做好事，而是一种顺其自然的人生状态。《淮南子》讲过这样一件事：有一个人在女儿出嫁时叮嘱道："你到夫家后，千万小心了，不要做善事！"女儿很奇怪，问："难道去做坏事吗？"父亲答道："善事尚且不去做，何况不善的事情呢！"《淮南子》评论说，这位父亲说的是保全天性的道理（《淮南子·说山训》）。

所以，庄子特别说明："我讲的善，不是指仁义道德说的那一套，而是指任由本性和生命的实情罢了。"[①] 什么是任由本性和生命的实情？庄子紧接着说，他讲的耳聪目明，不是指能够听出别人听出的声音、能够看见别人看见的东西，而是指能够听到自己要听出的声音、能够看见自己要看见的东西。也就是说，不是人云亦云随大流，不是跟着世俗走，而是遵从没有社会因素掺杂于其中的自我。

---

① 吾所谓臧者，非仁义之谓也，任其性命之情而已矣。（《庄子·骈拇》）

本真的人

在孔子看来有两种人，即"方内之人"和"方外之人"。所谓方，就是人世间，方内之人是处在社会之中的人，方外之人尽管也身在社会中，但心却超越了世俗。

子贡问孔子："先生您是寄身于方内还是方外呢？"

孔子叹了口气，说："孔丘我是一个遭到上天惩罚的罪人，看来只能处身尘世了。虽然如此，我打心里还是希望与你一起寄身于方外的啊。"

子贡又问："寄身方外有什么好方法吗？"

孔子说："鱼儿总是希望到水里去，人总是希望到大道中去。想到水里去，就凿一条渠通往池塘；想到大道中去，就要摆脱世俗的纠缠，心灵平和安静。所以人们说，鱼在江湖里忘掉了烦恼而悠然自得，人在对道的求索中忘掉了尘世而逍遥自在。"

子贡猛然想起还有一种人叫异人，就问什么是异人。

孔子说："异人就是异于世俗而合于天然的人。所以说，天的小人是人的君子，人的君子是天的小人。"

原 文 摘 要

子贡曰："然则夫子何方之依？"孔子曰："丘，天之戮民也。虽然，吾与汝共之。"……子贡曰："敢问畸（jī）人。"曰："畸人者，畸于人而侔（móu）于天。故曰：天之小人，人之君子；人之君子，天之小人也。"

——《庄子·大宗师》

故事中说的方外之人、异人均属于本真的人，这样的人用世俗眼光来衡量，是怪诞的，因为他们不遵奉社会规范，而那些被视为君子的人，也就是恪守世俗道德的人，从天道的角度看，也是不正常的，因为他们违背天然。所以故事中的孔子说"天的小人是人的君子，人的君子是天的小人"。

这就告诉我们，保持本真性的人一定与世俗的人不一样。那么，他们是如何表现的呢？

前面说过，从本性出发的人遵从的是没有社会因素掺杂于其中的自我，他怎样想就怎样做，根本用不着顾忌别人会怎么看，完全是率性而为。在《庄子》中，这样的人叫"役人"，就是能够役使、支配自己的人。庄子说："亡身不真，非役人也。"（《庄子·大宗师》）意思是，丢失了自我的人根本做不到真实，他们失去了对自己的主宰，将这个权力交给了世俗。所以本真的人一定是坚持自我的人。

然而这并不意味着固守自己的狭窄天地，更不意味着自私自利。坚持自我主要指的是坚持独立自主性，不盲目跟随世俗大流。这样的人虽然有自己的主见和个性，但从不与他人作对，而是采取最大的包容态度。庄子说："古代的真人，他表现出来的样子总是对谁都相宜……从容得似乎带着棱角，但又随和圆融。"① 由于他们从本身的自然出发，或者说遵奉的是"道"，绝不会为了追求身外之物而与他人发生利害冲突，从性情上说，他们更接近于鸟兽，得过且过，与世无争，谁又会跟这样的人过不去呢？这样看来，本真的人又是超越了自我的人。

庄子曾用一段对话来表达得道的人对自身的理解。舜有一位老师叫承，承认为人不能占据自己的身体，舜问为什么？承说，因为身体不过是天地演变出来的一个形体，它只能属于天地，个人是不能永远占据生命的（《庄子·知北游》）。死亡就是最有力的说明。既然生命从根本上说都不属于自己，更何况名利一类的东西呢？所以本真的人随遇而安，又没有自我。

这就是本真的人，既坚持自我又不固守自我。坚持自我强调的是不掺杂社会的、人为的因素，自然而然；不固守自我强调的是宽容的胸怀，随遇而安。而自然性和包容性又是道的特征，由此可以说，本真的人就是合于道的人。

---

① 古之真人，其状义而不朋……与乎其觚（gū）而不坚也。（《庄子·大宗师》）

命 运

回 放

孙叔敖是楚国著名贤人。一天，有个叫肩吾的高士遇到他，正好心里有个疑问，便趁机提了出来。

肩吾问："楚王三次任命先生为国相，又三次罢去先生的相位，但三次为相您都不显露荣耀，三次罢相也看不出您有愁苦的神色，起初我疑心您是做做样子，可现在看到您眉宇间都充满了欢畅，又不像是装出来的。请问，您是怎么想的呢？"

孙叔敖一笑，说："我哪里有什么过人之处呀！我不过是因为官位到来，我不能推辞，官位离去，我不能阻止罢了。官位的得失都不取决于我，因此也就没有了忧愁。我哪里有什么过人之处呀！再说，得失是在国相的位置上呢，还是在我身上？如果是在国相位置上，就跟我无关；如果是在我身上，那就与国相的位置无关。我只想悠然自得，哪有闲工夫为贵贱烦恼呢？"

原 文 摘 要

孙叔敖曰："吾何以过人哉？吾以其来不可却也，其去不可止也。吾以为得失之非我也，而无忧色而已矣。我何以过人哉？且不知其在彼乎？其在我乎？其在彼邪亡乎我，在我邪亡乎彼。方将踌躇，方将四顾，何暇至乎人贵人贱哉？"

——《庄子·田子方》

简　议

孙叔敖的话告诉人们，人生中存在着一种决定人事而人无法控制的力量，人们叫它命运。

在道家那里，决定人生的力量可以分出两种：一种是道，另一种是世俗。下面我们就分别看一下这两种力量。

先看道。庄子说："死与生，乃是命的运行；夜与日，乃是天的常规。人不能改变自己的命运和天的规则，这完全是情理之中的事情。"[①] 对于这种力量，人必须无条件服从，是根本逃不脱的。然而这里仍然有一个态度问题，是整天忧心忡忡还是顺其自然？庄子赞成后一种态度，也就是既来之则安之，不大喜也不大悲，最好是连想都不要想，生命来了就接受，生命去了就忘怀，天亮了就起身，天黑了就睡觉，绝不费尽心机地去思索、谋求有悖根本道理的事情。按照这种心态，主观上并没有命运的压迫感，豁达无忧，心安理得，个人与命运完全融为一体，可以说只有自然的生命过程，无所谓命运。

再看世俗。人一旦落入俗套，用世人的态度对待人生，那么就不得不接受世俗力量的支配。东汉思想家王充讲过这样一个故事：周朝有一个人，最大的愿望就是当官，可直到暮年也没有得到一官半职，便站在路边哭泣。有人来问，他说自己再也没有当官的机会

---

① 死生，命也，其有夜旦之常，天也。人之有所不得与，皆物之情也。（《庄子·大宗师》）

了，所以大放悲声。问怎么竟连一次机会都没遇上？他说自己年轻时学习文韬（tāo），打算以此谋求官职，可是君王偏偏喜欢使用年纪大的人。等这位君王死了，没想到继任君王喜欢使用学武的人。于是自己赶紧弃文习武，等掌握了武略，不料这位君王又死了。新君王继位，可他偏偏喜欢使用年轻人，而此时的自己早就不年轻了。就这样，这位可怜人一次机会也没碰上（王充《论衡·逢遇篇》）。命运就是这样捉弄人，怪谁？只能怪自己，因为这一切都是他自找的，是他自己选择了做君王的官，既然把自己交到了别人手里，那么就得受制于人。

庄子说过这样一个意思，从道的角度看，人人都是平等的生命，没有贵贱区别；从世俗的角度看，人就分出了贵贱，而贵贱并不由自己决定（《庄子·秋水》）。王充讲的故事提供了一个很有说服力的注脚。这就告诉我们，世俗对人的命运的支配是可以避免的，要想不受制于人，就必须对名利、富贵、权位等世俗的东西采取超然态度，你不去追求它，它也就不会牵着你走。从某种意义上说，道家思想就是要使人们摆脱世俗的纠缠和束缚。

拾 得

在人性问题上，道家最突出的就是用人的自然性去抗拒人的社会性。它所主张的人性对善恶的超越，实际上包含着否定一切来自社会方面规定的意图；而对自我和超越自我的强调，则表达了与世俗保持距离的愿望；对两种命运的态度更是直接反映了拒斥世俗的立场，总之，这些都指向一个主题，即人的自然性。

《庄子》中讲过这样一个故事：孔子从老子那里回来后，三天不说一句话。弟子们问老子的情况，孔子说："我现在才算见到了所谓的龙！"（《庄子·天运》）那时的龙，地位肯定比别的动物要高，但还没有高到像后来那样成为皇权象征的地步。所以后人在谈到这个故事的时候，说孔子这句话另有深义，把老子与龙这种野兽相联系，实际上是批评道家将人与动物混为一谈。用现在的话说，就是否定人的社会性，从而把人降低到动物的水平上。这个解释相当机智，也确实击中了要害。

关于人的自然性与社会性的关系，《儒家第一课》一书中已经涉及，不再赘述。这里要说的是，人的自然性与社会性确实是一对左右人生的大矛盾，无论在现实生活中还是在文艺作品中，都演绎着一个个生动的故事，使人活得有滋有味，有风有浪，有苦有乐。李安先生的电影《色·戒》就是一个成功范例。富于正义感和民族责任感的女青年王佳芝以色相为手段，勾引汉奸易先生，试图制造机会除掉这个民族败类。不想假戏成真，一下子坠入情欲深渊，享受极致性爱的欢娱而不能自拔，以至于最后关头放走了易先生。这里，人的自然性战胜了人的社会性，理性让位给本能，民族大义输给了性爱。李安先生说他自己一辈子都像是一个"外人"，也就是社会的旁观者，这倒与道家的态度很接近，所以拍出这种主题的电影是顺理成章的事情。

对社会的抗拒可以说是古今中外的一个共同话题。在古代西方，表现最为强烈的是与中国道家处于同一时期的希腊犬儒学派。犬儒的意思是"像狗的人"，他们对动物充满了亲近感，甚至引为同类。这一学派的哲学家第欧根尼的坟墓前就竖立着狗的雕像，墓志铭上的诗句称他是一只狗。他生前曾在市场上见到一只碰到什么就吃什么的老鼠，他从中得到的启示是人应该随遇而安。犬儒就是以这种特别方式来高扬人的自然性的。

近代西方也有一些哲学家以自然性与社会性的矛盾为平台，构建自己的学说，譬如弗洛伊德（奥地利，1856～1939），他把人格系统结构分成三个"我"，即本我、自我、超我。其中本我是本能欲望的代表，是非道德（非社会）也就是自然的；超我代表着道德约束也就是社会，以主流价值观念压制欲念；自我处在中间，既要对付本我又要顾及超我。从本我到超我，是一个由自然人到社会人的过程。这就是人类自身的困境，终身都在自然性与社会性的冲撞中挣扎。

现代西方哲学存在主义虽然不讲自然性，但同样充满了社会批判精神。萨特（法国，1905～1980）曾用"存在先于本质"概括存在主义主旨。他举例说，产品譬如杯子，是工程师根据杯子的概念设计出图纸，工人依照图纸制造出来的，这个过程是本质先于存在。人不一样，他不是谁按照概念制造出来的，人成为什么，是一个教师还是一个士兵，是他自我设计、自我选择、自我创造的结果，人是首先存在，然后才决定自己的本质。本质先于存在表现了技术运用，实际上坚持的是技术的观念；存在先于本质表现了人的自主性，坚持的是人道的观念。如果预先对人做出规定，说人应该这样、应该那样，无疑是把人贬低到物品的水平上。

总之，只要人感到来自社会方面的压力，社会与人没有达到完全的、高度的同一，人对社会的批判就不会停止。

那么，在道家那里，人的自然性究竟指的是什么？我们知道，儒家关于人性善就有一些具体规定，譬如孟子所说的同情心、羞耻心、恭敬心、是非心。对此道家也有一些较具体的说法，譬如虚、静，等等。别看这些字眼空旷飘逸，其实里面包含了丰富的内容。其中之一就是我们下一篇要讨论的自然无为。

无 WU

为 WEI

而 ER

治 ZHI

要 义

　　有为的统治不符合道的要求，与人的本性、万事万物的本性相背离，所以必定造成混乱。无为的方式才能带来天下大治，它的核心精神是顺其自然，着眼于保持人的天性和天德，给民众提供一个发挥作用的宽松环境。

中华优秀传统文化是什么

道家第一课

为什么要无为

无为是道家思想用于现实生活的一个根本性结论，

那么，道家为什么主张无为呢？

历史变迁

鲁国有位大夫叫柳下季，也叫柳下惠，素有贤名，然而他的弟弟却是当时最大的强盗头子，被称为盗跖（zhí）。孔子与柳下季是朋友，见朋友为难，便挺身而出，带着颜回和子贡去劝说盗跖。

孔子说明来意，盗跖大怒，像母老虎一样吼道："孔丘，过来！"

孔子知道他脾气暴躁，早有思想准备。

盗跖说："凡是能用利禄劝得动的人都是愚蠢浅薄的俗人。尧和舜怎么样？据有天下，可他们的子孙连立锥之地都没有；商朝的汤帝和周朝的武王不也据有天下吗？可他们的后代在哪儿？找不到了，都灭绝了。我听说，古代的人为躲避野兽，住在树上，白天捡拾橡子、栗子，晚上回到树上，叫'有巢氏之民'。后来的人也不知道穿衣服，夏天储存柴草，以备冬天取暖，叫'知生之民'。神农时代，人们睡觉的时候安稳踏实，起来的时候从容不迫，只知道自己的母亲，不知道父亲是谁。他们与麋鹿共处，依靠耕和织获得衣食，根本就没有一点儿伤害他人的心思。没有人追求利禄，这是道德最兴盛的时代。"

盗跖的眼睛猛地瞪大了，话锋转到了孔子身上。"而你，宣扬周礼，用名利蛊惑天下，借以谋取富贵，实在没有比你更大的盗贼了。你不是叫孔丘吗？真是奇怪，为什么大家不叫你盗丘，而却叫我盗跖呢？"

原文摘要

盗跖大怒曰："……今子修文、武之道，掌天下之辩，以教后世，缝衣浅带，矫言伪行，以迷惑天下之主，而欲求富贵焉，盗莫大于子。天下何故不谓子为盗丘，而乃谓我为盗跖？"

——《庄子·盗跖》

简议

在庄子心目中，存在着一个道德完善的时代，庄子把它称作"至德之世"。对那个时代，他有这样的描绘：人们基本上处于混沌状态，无论是与人还是与物，都还没有严格的区分。人的天性保持完好，行动舒缓自由，目不斜视。山中没有道路和隧洞，水上没有船只和桥梁。万物共同生长，草木繁密茂盛，禽兽成群结队，人们可以把禽兽牵在手里游戏，可以爬到树上去看鸟鹊的巢。乡人一起生活，百姓结绳记事，人人都按照自己的自然本性去做，行为符合自然的要求，所以在道德上是完全一致的。庄子说："若此之时，则至治已。"（《庄子·肤箧》）像这样的时代，才可以称得上是治理的极致状态。

但后来情况变了。世道是在三皇五帝手里变坏的。这些统治者说是治理，其实是制造祸端。为什么这么说呢？因为他们违背人的天性，硬要去制定出一套人为的规则管理民众，非要对人们进行教化，结果人就离开了自然的轨道去顺从人为，也就是人的智慧，从而陷入迷惑和混乱，风气开始变坏。随后出现了圣人，情况更糟，他们牵强附会地倡导仁，竭尽全力地推行义，天下就开始猜疑了。等到费尽心机地制定乐，不厌其烦地制定礼，天下就开始分崩离析了。这说明天德或者说自然的道理已经被毁弃了，因为正是人们之间缺少关爱，社会才需要倡导仁义，正是人们之间不平等，社会才需要倡导礼乐。

到了夏、商、周三代，出现了桀那样的暴君和盗跖那样的强盗，也出现了所谓道德高尚之辈，儒家、墨家也兴起了，到处都充满了猜疑、欺侮、攻击、讥讽，人们的德行不同，天性也就散乱了。大家都追求知识和技巧，拼命开发，百姓的供需来源枯竭了。于是，统治者就用严刑来制裁他们，搞得天下大乱。

造成这一变局的原因是什么？有为。天下本来好好的，就是有人不肯安分，非要弄出点儿动静不可。《庄子》中虚构了两个人，一个叫云将，一个叫鸿蒙。云将缠着鸿蒙请教治理的方法。鸿蒙告诉他，绝不可以扰乱天道的运行，不可背离事物本身的性情，正如自然生活中的鸟兽一样，人的干扰只能使秩序混乱，搞得野兽离开了群体乱跑乱窜，鸟儿白天不叫夜晚叫（《庄子·在宥》）。老子说："天下是神圣的器物，绝不可以在它上面随意作为。强行治理则会败坏它，强行控制则会失去它。"①

---

① 天下神器，不可为也。为者败之，执者失之。（《老子·第二十九章》）

有为的局限

尧的老师叫许由，许由的老师叫啮缺，啮缺的老师叫王倪。

尧问许由："啮缺的道德可以和天相配吗？能不能把天子的位子让给他？如果可以的话，我想请王倪去请他来。"

许由吃了一惊，说："要是这样的话，天下可就危险了。"

"为什么？"尧问。

许由说："啮缺天赋过人，非常聪明，很有智慧，反应很快，行动敏捷，然而却常常喜欢用人的本事去管天的事。他善于制止错误，却不知道错误产生的原因。要是他当了天子，将会依仗着自己的才能而无视天道，按照自己的想法和标准搞出许多花样来。他太热衷于智巧了，太急功近利了。这会使他陷在繁乱的事物中不能自拔，被外物牵着走。还会使他迎合众人的不同要求，一时这样，一时那样，没个准主意。这样的人怎么能当天子呢？"

顿了顿，许由又说："动乱的原因不是别的，就是有心治理。有为是臣民之祸、天子之贼。"

许由曰："……啮缺之为人也，聪明睿知，给数以敏，其性过人，而又乃以人受天。彼审乎禁过，而不知过之所由生。与之配天乎，彼且乘人而无天，方且本身而异形，方且尊知而火驰，方且为绪使，方且为物绒（gāi），方且四顾而物应，方且应众宜，方且与物化而未始有恒。夫何足以配天乎……治，乱之率也，北面之祸也，南面之贼也。"

——《庄子·天地》

简议

这里说的是啮缺，其实在道家看来，只要是有为，不管由谁来当政，都一定会既害大家也害自己，本事越大，造成的后果也就越严重。为什么这么说呢？这就要从个人的局限性谈起。

万事万物都是道的产物，是从道中分离出来的。个体一旦形成，就有了自己的界限，与其他东西相区别，人也是这样。这就是说，个人与道从本质上就是不同的，道普遍存在于一切事物中，有着最大包容性，而个人只是道的一部分，是自我，是私。

于是人就有了偏见和是非。从道（自然）的角度说，人都是生命，没有贵贱之分，但从个人角度看，都认为自己贵重；每个人都以自己的需要和认知为标准，要求别人符合自己。庄子把这种情况叫"移是"，"是"指的是公正的认知，移是就是转移公正为一己偏私。所以庄子表达过这样一个意思，人从获得生命开始，认知就暗昧了，为什么？因为个人受自身的制约，带上了局限性。[1]

统治者也是个体，当然也带有局限性。然而他治理的是天下，管理的是众人，也就是说是一个广大领域，他要有所作为就必须掌

---

[1] 有生，黬（àn）也，披然曰移是。（《庄子·庚桑楚》）

握这个几乎是无限的世界。他做得到吗？别的不看，就说智力。庄子这样说："算起来，一个人所知道的不如不知道的多，有生命的时间不如没有生命的时间长。试图以自己有限的那点东西去穷尽广大无边的领域，只能陷于迷乱而得不到结果。"[①] 所以，有为实质上就是用个人的一孔之见、一己之私、一人之规来做众人之事，将个人的东西强加于天下，弄到最后没有不出乱子的，民众遭殃，自己垮台。

①　计人之所知，不若其所不知；其生之时，不若未生之时。以其至小求其至大之域，是故迷乱而不能自得也。（《庄子·秋水》）

有为的害处

回放

马本来生活在原野上，饿了吃草，渴了饮水。长着蹄子可以踏霜践雪，披一身皮毛可以抗风御寒，扬蹄跳跃，跨步奔腾，这是马的天性。高兴的时候彼此交颈摩擦，生气的时候就背过身去用蹄子踢打对方，马的智巧不过如此。它们自由自在地生活着，即使给它们建造豪华的宫殿也绝不会去享用。

好了，不知道从哪儿冒出了个伯乐，拍着胸膛夸口："我善于治马。"于是把马从原野上捉来，用火烧它的毛，用刀子削它的蹄，用烙铁烫它的皮，用笼头套它的头，用绊索拴它的腿，关到马棚里固定在马槽上。经这么一折腾，马的天性死去了十分之二三。然而，这只不过是开了个头。接着便是饿它、渴它、赶它、打它、整它、治它，前面有用铁做的嚼子勒它的嘴，后头有用牛皮做的鞭子打它的屁股，据说不这样就不能使它屈服。到这时候，马就剩下半条命了。就这样，伯乐获得了"治马专家"的荣誉。

马里面最苦的是那些用于劳役的马。当人们强行把笼头戴在它们的头上，把车辕架在它们的背上时，它们就会左右张望，缩着脖子想从轭中退出来，要不就挺着脖子不让人顺利地把马具套在它身上，或者偷偷地脱掉嚼子和辔头，那模样神态活像个小偷。

是谁把马变成这样的，是那个叫伯乐的人！这就是他的罪过。

原文摘要

马，蹄可以践霜雪，毛可以御风寒。龁（hé）草饮水，翘足而陆，此马之真性也。虽有义台路寝，无所用之。及至伯乐，曰："我善治马。"烧之，剔之，刻之，雒之。连之以羁馽，编之以皁栈，马之死者十二三矣！饥之，渴之，驰之，骤之，整之，齐之，前有橛饰之患，而后有鞭筴之威，而马之死者已过半矣！

——《庄子·马蹄》

简议

马本来好好的，伯乐非要在它身上有所作为。庄子在谈完马的遭遇后指出，其实这也是治理天下的人同样容易犯的错误。

有为的坏处很多，从被治理者方面看，主要有三点。

首先，人性变了。自然状态下的马自由自在，人把马捉来按照自己的意志改变它，马的天性就退化了。人也一样，人本来淳朴自然，老实敦厚，率性而为，统治者用人为的东西强加在民众头上，民众也会用种种办法进行对付，人变得狡诈虚伪了。

其次，道德衰落。《庄子》中讲了一件事：有一个叫伯成子高的人，在尧当天子的时候被立为一方诸侯。到了禹统治天下，他辞职去种地。禹问他为什么这样做？他说："当年尧不用奖赏，民众都很勤劳；不用惩罚，民众都知道畏惧。而您呢，又赏又罚，怎么样？民众反而不知道仁爱了，道德败坏了。"（《庄子·天地》）奖赏和惩罚是人为的东西，是惯常的统治手段，用它们来对付民众，实际上是拉拢一些人，打击另一些人，同时也会造成人们之间的争夺和对立，结果民众背离了从前那种自然关爱的德行。

再次，劳民伤财。一个名叫东野稷（jì）的人给卫国的国君表演驾车。他技术高超，马匹听从他的命令，旋转自如。国君非常满意，让他驾着他的马再去绕一百个圈子。颜阖（hé）说："他的马一定会累坏的。"国君不相信。东野稷转回来了，马儿果然累坏了。国君问颜阖其中的原因。颜阖说："东野稷驭马的技术本来就高超，再加上不断要求他的马，所以我就知道马儿一定受不了。"这个故事《庄子》中有，《吕氏春秋》也收录了，并且评论道：乱国的君主役使自己的人民，根本不懂得人的本性，违反人之常情，只知道一味地通过制定法令来驱使民众，当人们不能适应时便加以责难，当人们面临巨大危险而畏惧时，就加以严厉惩罚。君主和百姓互相视为仇敌，就是由此而来的（《吕氏春秋·适威》）。

以上是从民众方面看有为的害处。在其他方面，庄子特别指出，有为君主借以进行统治的礼法制度，也就是圣人创立的统治方法，常常是为窃国大盗准备的，这正如人们为了防止偷盗，把金银细软装进箱子里，外面再拿绳子捆得结结实实一样，强盗来了，挑着箱子就走，干净彻底，绝不拖泥带水。譬如齐国，本来是姜姓君主统治，有一套完善的礼法制度，后来齐国大夫陈桓搞政变，杀掉了国君，他的曾孙又把后任的国君流放了，自己当上了国君，齐国由姜姓变成了陈姓，这就是窃国。在这里，窃国者在篡夺权位的同时，也窃取了礼法制度，这些东西与从前一样，成为窃国者治理国家的手段（《庄子·胠箧》）。如此一来，强盗的地位就巩固了，得到的好处也就更多，结果是鼓励了更多的强盗，越治理坏人越多。所以庄子说："圣人不死，大盗不止。"（《庄子·胠箧》）老子也说："绝巧弃利，盗贼无有。"（《老子·第十九章》）

无为的根据

回放

淳芒将要到东方大渊去游历，在东海畔遇上了苑风。

苑风问淳芒去大渊干什么。

淳芒答："大渊那个地方，流进多少水也装不满，舀出多少水也不枯竭。我要去看看。"

苑风又问："先生难道就不关心人吗？我想听听圣人是怎样治理天下的。"

淳芒说："圣人治理，实施政令没有不适宜的，选拔人才没有不与能力相当的，解决问题没有不符合道理的，按照自己的见识去说去做，使天下得到教化。挥手举目，四方百姓没有不顺从的，这就叫圣人之治。"

苑风要求道："我想听听德人是怎样治理天下的。"

淳芒说："德人治理，坐下来不进行思索，行动起来不进行谋划，心中没有是非好坏的念头，四海之内的所有人都获得了利益他才喜悦，所有人都获得了供给他才心安。他就像是离开了母亲怀抱的婴儿一样懵懂无知，像迷了路的人一样茫然无措。财物用度有剩余却不知道缘故，饮食消费充足却不知道原因。这就叫德人之治。"

苑风要求道："我想听听神人是怎样治理天下的。"

淳芒说："神人治理，乘驾着流光，无形无迹，但能照亮寰宇。他完全由着本性和真情，没有自我，所以能与万物同一。"

原文摘要

淳芒曰："官施而不失其宜，拔举而不失其能，毕见其情事而行其所为，行言自为而天下化。手挠顾指，四方之民莫不俱至，此之谓圣治……德人者，居无思，行无虑，不藏是非美恶，四海之内共利之之谓悦，共给之之谓安……财用有余而不知其所自来，饮食取足而不知其所从。此谓德人之容……上神乘光，与形灭亡，此谓照旷。致命尽情，天地乐而万事销亡，万物复情，此之谓混冥。"

——《庄子·天地》

简议

在治理天下的境界上，圣人、德人、神人分别代表三个层次。圣人是世俗的典型，实行的是有为的办法；德人已经完全入道了，采取的是无为的态度；神人更高明，他与百姓之间没有界限，行为不着丝毫痕迹，好像没人统治一样。

这就是道家的治世理想，圣人比一般的君主好，德人比圣人好，神人又比德人好，好就好在无为。道家如此看重无为，那么，实行无为的依据是什么呢？

是道。在道家看来，统治方式属于人道，是人世的规则，人道应该效法天道，遵循自然规则，小的要服从大的。道的根本特征是自然而然，用在治理上就是无为，统治者明白了这个道理，是最大的"得"（德），所以老子说："上德无为。"（《老子·第三十八章》）德是对道的领悟和运用，上德表达的是至高境界，达到了这一步的人只知道顺应自然而自己决不去另搞一套。

为什么采取无为的办法就能够治理好天下呢？因为无为符合万物的本性和人的本性。

前面引用过《庄子》中两个虚构人物云将与鸿蒙的对话，鸿蒙告诉云将，治理天下绝不可以扰乱天道的运行，不可以背离事物的本性。那么，事物的本性是什么？鸿蒙说，万物自生自化。这个说法与道的特点是一致的。道作为天地万物之母，并不是自己去产生具体事物，而是以最一般的规则在万物的运行中发挥作用。其表现之一，就是让万物自己产生、发展、灭亡。而无为就是不进行人为干涉，任由事物自己本身运行。所以鸿蒙告诉云将，你只管修养自己的心性就可以了，其他一切都不要管，把智慧和治理抛到一边，把自我和事物通通忘掉，这样，事物就可以复归原位，自生自化了（《庄子·在宥》）。

对百姓也是这样。庄子说："只听说要让天下宽松，没听说过还要约束天下。保持自在的环境，是怕人的本性被浸染；保持宽松的氛围，是怕人的天德被改变。人的本性不被浸染，天德不被改变，还用得着治理吗？"[1]这里说的治理指的是有为。道家相信，人的自然而然地发展，完全会朝着好的结果的方向，会带来良好的局面。

---

[1] 闻在宥天下，不闻治天下也。在之也者，恐天下之淫其性也；宥之也者，恐天下之迁其德也。天下不淫其性，不迁其德，有治天下者哉？（《庄子·在宥》）

拾　得

　　好的学说有两个基本功能：一个是理论性，用以启发人；一个是实践性，用以改变现实。后一个功能用古人的话说，就叫经世致用。道家尽管主张无为，但同样是一种经世致用的学问。与其他一些学说不同的是，它入世的角度是否定的，带有强烈的批判精神，锋芒指向所有以人为的东西来干预生活的人和现象，包括思想者和统治者，其中首当其冲的自然是儒家。因为儒家在这个方面最具影响力，是有为的典型代表。

　　批判从来就不是目的，而是手段。道家对有为的批判，是为了实现它的无为理想开路，所以是以批判有为的方式来达到社会接受无为而治的主张的目的。所谓无为而治，其基本精神可以概括为六个字：不干预，顺自然。它建立在这样一种理念之上，即事物凭借本性的运行乃是最正常的发展，正是这样的发展变化，构成了良好和谐的世界。这种观念与现代科学认识是一致的，系统论告诉我们，任何一个系统都有自我调节功能，譬如，一个湖泊，有进口和出口，来水量过大，多余的水会从出口流走，直到水量适当为止。无生命的事物尚且如此，不要说社会这样的高级形态了。所以，给民众宽松的环境，并不会导致混乱，每个人自然会顺理成章地把自己的事情办好，相反，如果一味地干预，越俎代庖，弄得人们无所适从，满腹怨气，局面非乱不可。

　　这里需要说明的是，无为不光指的是国家的治理，也包括个人自身的治理，也就是人们通常说的修身养性。《庄子》中有一段对话，说的是黄帝去请教高士广成子修身长生的道理，广成子告诉他，什么都不要看也不要听，守住心神，保持宁静，形体自然就正了，心也就清了，身正心清，生命就可以长久。这其实说的就是自己对自己要坚持无为。这种对自己的无为甚至是国家治理领域中无为的前提，所以广成子说，你只要自己守住了，万物自然会强盛（《庄子·在宥》）。

除了从"道"的方面说明无为的合理性外，道家还从历史方面证明无为的真实有效性。老子是周朝的史官，讲史是道家的优势。可以说，道家学者对无为的论述是史论结合。在庄子看来，是三皇五帝开了有为的先河，伏羲（xī）是三皇中的第一位，虽然还能顺着人的本性来进行统治，但已经掺杂了人为的东西，不纯粹了；之后的两帝——炎帝和黄帝，尽管基本上还勉强照顾到人的天性，但已经不能顺从天性了；到了尧和舜为代表的五帝时期，形势大变，有为代替了无为，仁义改变了天性（《庄子·缮性》）。往后一个接一个下来，世道越搞越糟。

三皇五帝之前的社会状况究竟怎样，由于缺少文字记载，很难说清楚。但有一点是肯定的，这就是当时还属于氏族社会，实行的是原始的、自发的民主制，自然习俗一定存在并且发挥作用，但还没有产生出个人统治者，也没有分工细致的社会管理机构和典章制度。如果说这种自然习俗相当于道家讲的天德，这种民主治理方式就相当于无为了。这样看来，道家认为人类史上存在过一个无为而治的时代并不完全是空穴来风。

　　这种从历史上寻找根据的方法在西方文化中也可以见到，其中尤以启蒙时期的学者最为自觉。譬如，卢梭（法国，1712~1778）就提出，人类历史上有一个没有私有财产、没有等级制度、没有剥削和压迫的"黄金时代"，由此证明"人生来就是自由的"，并以此为武器，向给人套上枷锁的不合理性的现实社会宣战。其实，这种认识源远流长，古希腊神话分别将人类社会命名为"黄金时代""白银时代""青铜时代""英雄时代""黑铁时代"，以此来表示人类逐渐堕落的过程，其中，"黄金时代"与道家说的无为而治的时代在性质上差不多，人人都是自己的主人。

　　时间不可倒流，歌颂过去并不一定是号召回到过去，更多的是为现在提供改造的原则。那么，在现实生活中如何贯彻无为呢？

怎样做到无为

要达到无为而治，
应该怎样做呢？

顺其自然

回放

卫国的君主卫灵公打算铸造一套编钟，命令大夫北宫奢办理，铸钟的钱采取征募贡赋的方式筹集。

三个月后，钟铸成了，分上下两层，华贵而庄重。

大家都很惊讶，不光是因为这套钟造得好，更因为能在这么短的时间里筹措到钱，谁都知道征募贡赋是件很困难的事。于是，一位叫庆忌的王子把北宫奢拉到一边，悄悄问："您用了什么高招这么快就把钱收了上来？"

北宫奢一笑，"我能有什么高招？不过是顺其自然罢了。"见庆忌一脸茫然，便解释道："我听说，做事情不管有多少招数，也不如最简单质朴的办法好使。所以我根本就不去想对策，痴痴呆呆忘记了自己。就这样茫茫然然地送往迎来。来者不拒，去者不求，强横不交贡赋的任他强横，顺从交贡赋的任他顺从，一律自便，由他们尽力而为。因此，尽管我天天征募贡赋，却没有造成丝毫损伤。铸钟尚且如此，更何况干大事业呢？只要遵从道，没有不成功的。"

原文摘要

奢曰："……既雕既琢，复归于朴。侗（tóng）乎其无识，傥（tǎng）乎其怠疑。萃乎芒乎，其送往而迎来。来者勿禁，往者勿止。从其强梁，随其曲傅，因其自穷。故朝夕赋敛而毫毛不挫，而况有大涂者乎。"

——《庄子·山木》

故事说的是铸钟，其实讲的是治国，主旨就是无为，给民众一个宽松环境，顺其自然。

老子有一段话，阐明了治国的总原则，他说："用正道治理国家，用奇诡对外用兵，用不生事掌握天下。我凭什么知道是这样的呢？根据的是，天下的禁忌越多，民众也就越贫穷；世上的器具越多，国家也就越混乱；人的技巧心机越多，怪事也就越常见；法令越彰显，盗贼也就越多见。所以得道的人说：我无为，民众自然会生息；我清静，民众自然会走正路；我不生事，民众自然会保持淳朴。"[①] 老百姓都是好的，只要君主不拿典章制度对付他们，民众也不会跟统治者捣乱。

然而，如果一点规矩都没有，一点事情都不做，社会还能正常运转吗？

清静无为并不是不要规矩，相反，它正是以基本秩序为前提的。庄子所说的君先而臣从、兄先而弟从、长先而少从、男先而女从、夫先而妇从就是这样的秩序。不管在什么时候，都要有尊卑先后。

① 以正之国，以奇用兵，以无事取天下。吾何以知其然哉？夫天下多忌讳，而民弥贫；民多利器，而邦家滋昏；民多智能，而奇物滋起；法令滋彰，而盗贼多有。故圣人云：我无为而民自化，我好静而民自正，我无事而民自富，我无欲而民自朴。（《老子·第五十七章》）

为什么？因为这是天地的原则，天尊地卑，是神明位序；春夏在先，秋冬在后，是四季的顺序。人世的秩序正是对天地的效法（《庄子·天道》）。这样的秩序具有自然的性质，是君主统治的基础，也是民众生息的基础。有了这个基本秩序，君主才能够清静不多事。其实，无为本身就已经包含了遵守自然秩序在内，因为无为意味着顺其自然。

无为也并不是什么都不管，不多事不等于不做事。庄子讲过一个故事，说的是黄帝前去见一个叫大隗（wěi）的高人，向一个牧马的孩子问路，小孩子说得清清楚楚，黄帝就问他是否连如何治理天下都知道？孩子说，治理天下与牧马没什么两样，不过是除掉害群之马罢了。黄帝大受启发，叩头拜谢，还管这孩子叫天师，然后才告退（《庄子·徐无鬼》）。显然，无为并不是放任，对那些成心捣乱的家伙还是要管一管的。

总的精神是少管，不要强行治理。老子有句名言："治大国若烹小鲜。"（《老子·第六十章》）把治理国家比作烧鱼，诀窍是要像不经常翻动炊具中烧的鱼那样不搅扰国事。

用德不用智

有一个人叫肩吾，去见楚国的狂人接舆。接舆就是那位唱着"凤凰啊，凤凰啊"的歌子告诫孔子的人。

接舆问："日中始教给了你什么？"日中始是肩吾的老师。

肩吾答："他告诉我，君主一定要制定自己的典章法度，用此来治理国家，民众谁敢不听从教化？"

接舆说："这是骗人的把戏。用这种方法治理天下，就像让蚊子背着大山涉过大海穿过大河一样，根本不可能。圣人治理天下，难道就是治理人们的外在行为吗？不是。而是首先端正自己的道德，然后再推行开来，由大家各尽所能而已。"

接舆顿了顿，接着说："再说了，典章法度管得过来吗？人们放箭射天上的飞鸟，鸟儿就飞升到箭矢达不到的高度；人们用烟熏和挖洞捕捉鼹（xī）鼠，鼹鼠就把自己的窝安在神坛下面，使人有所顾忌。人比鸟儿和鼹鼠聪明得多，难道不会钻制度的空子吗？"

原文摘要

狂接舆曰："……夫圣人之治也，治外乎？正而后行，确乎能其事者而已矣。且鸟高飞以避矰（zēng）弋之害，鼹鼠深穴乎神丘之下以避熏凿之患，而曾二虫之无知？"

——《庄子·应帝王》

简 议

这里给出了两种治理方法：一种依靠的是典章法度，属于智慧领域；另一种依靠的是统治者的自身修养，属于道德领域。

在道家看来，智慧是导致混乱的一个根源。自然状态下，人们淳朴敦厚，和睦相处，是根本用不着斗心眼的。后来有人出来倡导礼法制度，用名利来诱惑人，人心就被搞乱了，民众一旦被引上追求私利的道路，什么坏事都能干得出来。老子认为，有为的意识和学问越昌盛，人们离开道也就越遥远。"所以说，奉行道的人不是用道来开发民众的智力，而是用道来教育民众的纯厚质朴。民众之所以难以治理，就在于他们有心机。因此依靠智巧去治理国家，必定造成祸患；不依靠智巧去治理国家，才能带来福祉。"①

何况以智巧进行治理，并不会带来理想的效果。正如上面故事中接舆讲的那样，典章制度不可能覆盖一切，总有疏漏的地方。统治者用典章制度对付民众，民众也会以智巧来应对统治者，想方设法地钻其中的空子，民众变得更有心机。于是，统治者就使用刑罚，以暴力逼迫民众就范，这势必加剧混乱局面。所以庄子说："上面的统治者一心喜爱智谋而背离道，天下就会大乱。"②

相反，统治者依靠道德来治理，就可以保持天下安定。老子提出，统治者应该"为天下式"（《老子·第二十八章》），也就是成为

---

① 故曰：为道者非以明民也，将以愚之也。民之难治也，以其知也。故以知知邦，邦之贼也。以不知知邦，邦之德也。（《老子·第六十五章》）

② 上诚好知而无道，则天下大乱矣。（《庄子·胠箧》）

民众的榜样，尽管自己在道德上已经很不错了，但仍然觉得自己有污点，以至于不断地修养自己，使自己永远保持道德范式的作用。

德是对道的领悟和运用。统治者的德可以分为两大部分，一是见识，一是品德。在见识方面，最根本的就是理解和掌握道，老子把这称为"明智"（《老子·第十六章》）。用在治国上，首先就是要分清什么是本、什么是末。庄子指出，作为一个统治者，一定要懂得道是根本，德以道为根据，而仁义教化、官员设立、用人选拔、考核检察、辨别是非、奖赏惩罚等都是细枝末节，所以必须永远把道放在第一位，一切从道出发。按照这个顺序走，不用智谋，天下就可大治，这才是治理的最高境界（《庄子·天道》）。

在品德上，最根本的就是心要清正。清就是不追求外物，不好大喜功，不劳民伤财；正就是不偏私，没有偏向、偏爱、偏心，更没有个人目的。归结起来，就是老子的一句话："圣人没有自己的东西，以百姓的意志为意志。"[①] 在这里，以百姓的意志为转移和以道为根据是一致的。以百姓的意志为转移体现的是包容万物的胸怀，按照老子的说法，"容乃公，公乃王，王乃天，天乃道，道乃久，没身不殆"（《老子·第十六章》）。意思是，包容就是公心，公心乃是为王之道，王道效法的是上天，上天效法的是道——因为道具有最大的包容性——符合道，永远都不会有危险。

无论从见识上说还是从品德上说，立足点都是道。庄子说："帝

---

① 圣人常无心，以百姓之心为心。（《老子·第四十九章》）

王的德行，以天地为宗旨，以道德为纲领，以无为为恒常。"①强调道的地位最终还是要落实到无为上面。这就告诉人们，统治者最大的德是无为。所以，依靠统治者自身修养进行治理，实际上就是为民众提供宽松环境。

---

① 夫帝王之德，以天地为宗，以道德为主，以无为为常。（《庄子·天道》）

治性不治人

有两位贤人，一位叫将闾葂（lú wǎn），一位叫季彻。

将闾葂去见季彻，说："鲁国的国君问我治国方法，我推辞不掉，只好跟他讲了，也不知道说得对不对。现在我说给你听一听。我对国君讲，一定要对人恭敬，用度节俭，提拔使用公正忠诚的人，不要任人唯亲，只要做到了这些，民众谁还敢不服从命令！"

季彻笑了起来，说："你讲的这种办法，对帝王的德行来说，好比是螳臂挡车，肯定是不能胜任的。退一步说，就是能够做到，那就等于把自己置身于危险之中了。这就像是台子上摆满了奖品，势必引得人们蜂拥而至。"

将闾葂惊讶地望着季彻，半晌才说："先生的话我听不懂，请您讲讲治国应该怎样进行教化。"

季彻说："大圣治理天下，从民心入手，使民众自己端正风俗，自己除去害人之心，从而增进天生的心志，如同从本性中自然形成的一样，而人们自身却不知道为什么会是这样。像这样的教化，人们难道还会把尧、舜当作模仿的兄长，而自己却做糊里糊涂地跟在后面的小弟弟吗？人们只不过是想与尧、舜同德，从而把心摆到正当的位置罢了。"

原文摘要

季彻曰："大圣之治天下也，摇荡民心，使之成教易俗，举灭其贼心而皆进其独志，若性之自为，而民不知其所由然。若然者，岂兄尧舜之教民溟涬（mīng xìng）然弟之哉？欲同乎德而心居矣！"

——《庄子·天地》

简 议

这两位贤人，将闾菟是儒家，季彻是道家。将闾菟主张以德治国，季彻则大摇其头。理由主要有两点：一是要让统治者以身作则，就凭他们的素质，根本不可能；一是以道德规范教育民众，会导致对名利的追求，造成人性不纯，心思狡诈，引起混乱，最后危及包括统治者地位在内的社会秩序。季彻的办法着眼的是恢复人的本性，端正人心。只要心性淳朴了，行为自然也就正当了。这对统治者也一样，使自己的心性合于道，自然就会做到将闾菟所说的恭敬、节俭等。所以，统治者仍然起着榜样作用，但并不是刻意号召大家来学习，而是人们出于本性自然而然地去做。

这就是治性不治人。在道家看来，儒家的仁义、礼制所作用的是人的外在行为，治的是标；而道家注重的则是人的心性，治的是本。对于人，不要用典章法度去约束，也就是不要强行治理，应该把方向放在恢复人性这个根本上。

老子曾提出圣人治国的四条具体原则，这就是"虚其心，实其腹，弱其志，强其骨"（《老子·第三章》）。可以归结为心与身两个方面，心的方面强调的是虚弱，排空个人的心志，减弱个人的世俗追求；身的方面强调的是实强，填饱百姓的肚子，增强他们的筋骨。一虚一实，一弱一强，表明了老子的旨趣，人的身体越强壮越好，人的心智越薄弱越好。治国的要领就是永远使民众没有心机智巧，没有世俗欲望，以至于即使是那些所谓有才智的人，也不敢去搬弄智慧，生出事端。这并不是要把人变为弱智、傻子，而是使人回归浑厚淳朴的本性。其中不乏大智若愚的那类人，他们对世俗的那一套已经看穿了，毫无兴趣，对道一类的根本性问题认识得很透彻，表面上看来他们不知人情世故，不事张扬，其实心里比谁都明白。

这四条具体原则与百姓的本意、人的本性是一致的，可以说是顺应了"道"，不是君主刻意为之，加上前面说的不用典章法度、道德规范去约束人，那么治性不治人体现的仍旧是无为。

不为天下先

回放

啮缺是王倪的学生，他问了老师四个问题，王倪一连说了四个"我怎么知道呢"。啮缺高兴地跳着脚去告诉贤人蒲衣子。

蒲衣子说："现在你该明白了吧？舜比不上伏羲。"

"怎么讲？"啮缺问。

蒲衣子说："舜怀抱着仁义来要求世人，也确实获得了人心，但他这样做纯属标新立异。伏羲就不同了，睡觉时从容不迫，醒来时悠然自得，任由他人把自己看成是马，看成是牛，一点也不在意。伏羲的认知才是出自本性，他的道德才是自然而然，他从来也没有标新立异的念头。"

原文摘要

蒲衣子曰："……泰氏，其卧涂涂，其觉于于，一以己为马，一以己为牛。其知情信，其德甚真，而未始入于非人。"

——《庄子·应帝王》

简议

这个故事涉及了道家对统治者的一个评价标准，即，是人为地去标新立异还是顺其自然？显然，道家主张的是后者。关于这一点，老子说得很明确："我有三宝，持而宝之：一曰慈，二曰俭，三曰不敢为天下先……不敢为天下先，故能成器长。"（《老子·第六十七章》）意思是，我有三件法宝，坚守并遵从它们：第一件是慈爱，第二件是节俭，第三件是不敢为天下先……正因为不敢为天下先，才能够被拥戴为领袖。故事中说的伏羲就是因为安于淳朴的传统，被认为比标新立异的舜是更好的统治者。

主张不为天下先不就是提倡守旧的态度吗？没那么简单。这里无疑有保守的成分，但同时也包含了其他一些有价值的内容。

首先，这种观念反对那种功利性的"为天下先"。这样的作为纯属好大喜功、刻意而为、哗众取宠，突出的是个人，追求的是名声和物质利益，是偏私的表现。相反，不为天下先则是忘记了自我，以百姓的意志为自己的意志，把他人摆在自己的前面。老子说："欲先民，必以其身后之。"（《老子·第六十六章》）要想成为比民众先进的领袖，首先必须把自身利益放在人民之后。

其次，这种观念反对自我炫耀。《庄子》中说了一件事，杨朱问老子英明的君主如何治理国家。老子回答，虽然他对治理天下有很大功劳，但却看不出是他的贡献，有政绩但又说不出他做了些什么；大家都从他那里得到了恩惠，但却不觉得依赖于他，都认为是自己努力的结果（《庄子·应帝王》）。老子曾把君主划分为四等："最好的君主，百姓只知道他的存在；其次的君主，百姓亲近他、颂扬他；再次一等的君主，百姓害怕他；最次的君主，百姓侮辱他……最好的君主总是深思熟虑啊！他总是默默的。功业建立了，事情成功了，百姓却说，这是因为我们顺应了自然的缘故。"① 这样的明君，不事张扬，甘于人后，也没人把他们摆在前面，有点像今天的无名英雄。

再次，这种观念倡导谦虚、谨慎的品德。《老子》用来表示谦虚的词有"下""贱""柔""弱"等，这些词都意味着不去与别人相争，不去拔尖。不为天下先更是体现了谨慎。老子曾经这样形容遵从道的统治者，说他们就像是冬天踩着薄冰过大河的人、到陌生人家做客而没有见过世面的人，胆战心惊、小心翼翼、忐忑不安、忧心忡忡（《老子·第十五章》）。抱着这样的心态，怎么可能走在他人的前面？还是看看别人怎样做吧。

不为天下先体现了道的精神。前面说过，道的伟大寓于渺小之间：说它伟大，是因为它主宰万物；说它渺小，是因为它不以主宰自居。正是这样的渺小衬托得它更加伟大。

---

① 太上，下知有之；其次，亲之誉之；其次，畏之；其次，辱之……悠兮其贵言！功成事遂，百姓皆谓我自然。（《老子·第十七章》）

无为致有为

回放

楚汉相争，刘邦打败项羽，夺得天下，设宴款待群臣。

刘邦问大家，自己胜利而项羽失败的原因是什么。

有人说是因为刘邦为人大方，舍得给人好处，而项羽小气，又妒贤嫉能，所以失败了。

刘邦摇摇头，说："你们只知其一，不知其二。运筹帷帐之中，决胜千里之外，我不如张良；镇守国土，抚慰百姓，供应粮食，保证军粮运输不断，我不如萧何；指挥百万雄兵，打一仗胜一仗，攻一次取一次，我不如韩信。这三位都是人中豪杰，而我能充分使用他们，这就是我取得天下的原因。而项羽手下有一位范增，却不能受到重用，这就是他被我擒获的原因。"

原文摘要

高祖曰："……夫运筹帷帐之中，决胜千里之外，吾不如子房；镇国家，抚百姓，给馈饷，不绝粮道，吾不如萧何；连百万之军，战必胜，攻必取，吾不如韩信。此三人者，皆人杰也，吾能用之，此吾所以取天下也。项羽有一范增而不能用，此其所以为我擒也。"

——《史记·高祖本纪》

简 议

　　这是一个有关用人的著名故事，从治理方略上说，它反映了无为与有为的关系。刘邦作为一个政治军事集团的领袖，采取的是无为的态度，不去干预具体事务，放手让张良、萧何、韩信这些专家去做，自己只管协调，结果是有大作为，夺得了天下。而项羽就不同了，同样身为政治军事集团的领袖，非要在具体事务上有所作为，将谋臣范增赶走，自己筹划战局，致使短处暴露无遗，结果是没有大作为，失去了天下。

　　庄子曾对君主与臣子的区别做了如下划分。

　　从道的角度看，道分为天道和人道，天道是天地的根本道理，人道是人间的根本道理，前者的本质是自然无为，后者的本质是人为劳作。君主守持的是天道，而臣子遵循的则是人道（《庄子·在宥》）。

　　从德的角度看，德是对道的认识和实行，君主做到自然无为就达到了君德，臣子做到有所作为就达到了臣德。庄子特别提醒，上下不能同德。自然无为本来是君主的德行，如果臣子也自然无为，就是下边与上面同德，臣子就不成其为臣子了；有所作为本来是臣子的德行，如果君主也有所作为，君主就不成其为君主了（《庄子·天道》）。

　　从做事的角度看，简要在君主那里，繁细在臣子那里。诸如军队调用、奖赏惩罚、礼制法度之类，都是臣子的事情，君主不要参与进去（《庄子·天道》）。这里应该强调的是，由此并不能得出天道与臣子无关的结论。天道存在于万事万物之中，也同样主宰着臣子，具体说，在做什么的问题上，臣子遵从有所作为，在怎样做方面，仍然要贯彻道的精神，譬如，不偏私、顺其自然，等等。

这就是无为致有为。正如天地不产生万物而万物才能自己生化，从而造成蓬勃生机一样，君主只有无为，才能实现臣民的有为，形成欣欣向荣的大好局面。所以，庄子说："君主一定要无为从而运用天下之力，臣民一定要有为从而被天下所用，这是万古不变的道理。"[①] 这也就是老子说的"无为而无不为"吧（《老子·第五十七章》），无为可以带来无所不为。

---

① 上必无为而用天下，下必有为为天下用，此不易之道也。（《庄子·天道》）

拾 得

　　无为不是无所作为，恰恰是要有大作为，以最高统治者的超脱、宽容、信任，放手让别人去做，施展每个人的才能，发挥每个人的积极性，运用每个人的力量，所以是一种较高的治理艺术。

　　关于有为这里还需要多说几句。在庄子那里，有为是无为的附属品，完全以无为为转移。从理论上说，只要实行了无为，是无须有为的。庄子曾说过，在人的自然本性和自然道德保持完好的前提下，是根本无须进行人为治理的，因为大家都本能地遵循共同的道德和基本秩序，这种情况下，有为纯属多余。

　　但是在现实生活中，绝不可能有一个不进行任何治理的社会，也就是说，不可能像理想中的远古时代那样彻底的无为。庄子面对的是一个应该被改造的世界，所以他又主张君主无为而臣子有为。

　　不管是哪一种情况，基本精神都是无为而治，重心落在无为上，结果是天下大治。前者是以不治而得到治，后者是以无为带动有为而得到治。庄子曾用一个比喻来说明无为而治的功效：羿（yì）是最高明的射手，一只麻雀飞过来，羿准保能一箭射中它，但他本事再大，也决无可能将天下所有的麻雀都射下来。然而要是把整个天下做成一个鸟笼（大网），那么一只麻雀也跑不了（《庄子·庚桑楚》）。怎样才能把天下变成大网呢？这就要人人有为，大家都行动起来，每一个人都成为网上的一根线，所谓"天网恢恢，疏而不失"。

　　道家用无为来要求最高统治者，不管是有意的还是无意的，其实都起着对最高权力限制的作用。其手法相当巧妙，告诉统治者不运用权力才是最高明的，顺从百姓的意志才是本分，让事物自然而然地运转才符合道，从而使统治者自觉自愿地将自己的影响降到最低，低到民众只知道有这么一个人的程度。这对民众来说，简直太有利太理想了，礼制规范、法令刑律等对付老百姓的东西统统一扫而光，也没人驱使他们承担沉重的劳役，一切全凭自己做主。可见，无为的治理又具有一定的民主色彩。

其实，无为并不是道家的专利，儒家和法家也讲无为。儒家代表人物孟子说："人有不为也，而后可以有为。"（《孟子·离娄下》）意思是说，人必须有所不为，才能有所作为。譬如治国，在孟子看来，如果君主不把注意力分散在别的方面，而是集中到道德上，怀着同情心来对待民众，那么治理天下就像在手掌中玩弄东西那样简单。法家代表人物韩非说："人主之道，静退以为宝。"（《主道》）静退是无为的一种表现形式，当君主的诀窍，最关键的就是无为。虽然都讲无为，但强调的方面不一样。孟子着眼的是治国纲领，抓住道德这个纲，其他都好办。韩非突出的是君主的统治技巧，无为纯粹是对付臣子的一种手段。只有道家才把无为看成是根本的统治方略，放在治国的核心位置上。

无为而治是通过无为产生出天下大治的有为，其中体现了道家的一个基本思想，即有无相生。这也就是我们下一篇要讨论的问题。

生 SHENG

活 HUO

辩 BIAN

证 ZHENG

法 FA

要义

事物是在对立统一关系中存在和发展的。

"无"比"有"更根本，任何事物都是从无到有，

然后又从有到无，生命也遵循着这个过程。道

家关注死亡问题，是为了启示生的道理。

中华优秀传统文化是什么

道家第一课

无中生有

不仅前面讲的无为与有为是相反相成的，
世界上的一切事物都是如此。

有用与无用

惠子当过多年魏国宰相，一次他对庄子说："魏王送给我大葫芦的种子，我把它种到了地里。你猜怎么着？秋后收获了一个能盛五石东西的大葫芦。我犯了愁，拿它盛水吧，它的硬度不够；把它劈成两半做成瓢吧，大得又没地方放，所以我就把它毁掉了。"

庄子惋惜地啧啧嘴，说："这就是您不善于驾驭大的东西了。我跟您讲一件事。宋国有个人世代以漂洗丝絮为业，擅长配制保护手不被冻裂的药物。有个客人听说了就找他商量，提出用100金买下这个药方。宋人召集全家商议，说：'我们漂洗丝帛，辛辛苦苦下来，才收入一点点钱，如今人家一开口就是百金，不如卖了它吧。'就这样，那个客人得到了药方。

"客人拿着药方去游说吴国的国君。恰巧越国前来攻打吴国，吴王派他为将军。时逢隆冬，又是水战，吴国兵士用了那种药物，手脚保护得很好，而越国兵士的手都冻裂了，结果越军大败。吴王拿出一块土地分封给贡献药方的人。

"药方和药效无论是在宋国还是在吴国都是一样的，没有任何变化，但有人因为它得以分封，有人拿着它却整天干着漂洗的苦活，为什么？所施用的对象不同啊。如今您有能盛五石东西的大瓢，干吗不考虑把他系在腰上，在江湖上任意漂游呢？看来先生您还是心中不太开窍呀！"

原文摘要

庄子曰："夫子固拙于用大矣！宋人有善为不龟手之药者，世世以洴澼絖（píng pì kuàng）为事。客闻之，请买其方百金。聚族而谋曰：'我世世为洴澼絖，不过数金。今一朝而鬻技百金，请与之。'客得之，以说吴王。越有难，吴王使之将。冬，与越人水战，大败越人，裂地而封之。能不龟手一也，或以封，或不免于洴澼絖，则所用之异也。今子有五石之瓠（hù），何不虑以为大樽而浮乎江湖，而忧其瓠落无所容？则夫子犹有蓬之心也夫！"

——《庄子·逍遥游》

简 议

同一个大葫芦，在惠子手中是无用之物，而在庄子看来，却可以成为泛游江湖的工具；同一个药方，在宋人手中没多大价值，而转到客人手里，就成了决定战争胜负的秘密武器。这就是无用变有用，当对使用方法以及服务对象做出调整的情况下，事物的价值得到了提升。

事物的有用常常是无用促成的。庄子讲过这样一件事：大司马家中有个打造剑的工匠，已经八十多岁，腿脚都不利索了，但打造出来的剑还是那么精确，与要求的丝毫不差。大司马询问其中的诀窍。工匠说："我二十岁时迷上了铸剑，眼中只有剑，其他的东西一概不去看，凡是与剑无关的，一律不花费心思。我在铸剑上的有用是以别的地方的无用换来的。"（《庄子·知北游》）工匠把从别的方面节省下的时间、精力都用在铸剑上，才练就了一身出神入化的本事，正是诸多方面的无用铸成了一个方面的有用。

　　具体到价值上，任何一个事物或者一个人都是无用和有用的统一体。庄子说："从事物起作用的角度看，按照它起作用的一面，万物没有无用的；按照它不起作用的一面，万物没有有用的。"[①]

　　一个人只要有长处，就一定有短处，长处越突出，短处也就越明显。这提醒人们，切不可只用自己的长处去比别人的短处。有一则寓言，说的是一个名叫西闾过的人乘船渡河，不料船沉了，船夫把他救上岸，问他干什么去？他说去游说诸侯。船夫捂着嘴笑起来，说："你掉进水里连自己都救不了，又怎么去说服诸侯呢？"西闾过说："没听说过和氏璧吗？它价值千金，但要是用它来做纺线的纺锤，还不如砖块瓦片好使；随侯之珠，是随国的珍宝，但要是用它当打鸟的弹丸，不如泥土做的好用；骐骥骒䯄（qí jì lù ěr）是天下的良马，拉着货车一天能奔驰上千里，但要是让它们去捉老鼠，还不如用价值一百文钱的狸猫；干将镆铘（mò yé）是天下的名剑，砍在铜钟上，钟被切开而不会发出声响，用来切东西，好像手上没有感觉，但是用它来修鞋，还不如两文钱的锥子。"话锋一转，回到了船夫身上："你手持木桨驾着小船，出没于广阔水面，经历汹涌波涛，面对又深又急的水流，这正是你所擅长的。然而，要是让你去游说诸侯，面对这些一国之主，你一定是傻愣愣的，那模样活

[①]　以功观之，因其所有而有之，则万物莫不有；因其所无而无之，则万物莫不无。（《庄子·秋水》）

像是刚生下来没有睁开眼睛的小狗。"（刘向：《说苑·杂言》）

换一个说法，就是天生我才必有用，世界上绝对不存在无用之物，更不存在无用之人。老子说："所以圣人总是悲天悯人，使每一个人复归他的天性，发挥他的作用，从来不废弃人；使每一件事物复归它的天性，发挥它的作用，从来不废弃物。圣人的明智就是这样表现出来的。"[1]

对于个体的人来说，不存在有没有价值的问题，只存在价值是否发挥出来的问题。一个人被忽略，不是因为他无用，而是因为用错了地方，因此冷落是暂时的，只要经过调整，找到合适位置，自己的价值就会体现出来。

---

[1] 是以圣人常善救人，故无弃人；常善救物，故无弃物。是谓袭明。（《老子·第二十七章》）

大与小

黄河之神河伯乘着夏日泛滥的洪水浩然东去，河面宽阔得看不清对岸的牛马，便以为天下的壮美都聚集于自己一身。等到达了东海才骤然发现，原来海是那样的广大，不禁对大海之神北海若大发感慨。

北海若告诉河伯，大海也不是最大的："它处在天地之间，如同是一块小石子、一棵小树苗处在泰山中一样。人只是万物中的一个，他所生存于其中的九州，不过是宇宙的万分之一，与宇宙相比，人就像是长在马身上的一根毫毛。"

河伯问："照这么看，说天地最大、毫毛最小可以了吧？"

北海若说："不可以。万事万物，从量上看，是无穷的；从时间上看，是无尽的；从界限上看，是无常的；从始终上看，是无定的。因此有大智慧的人观察事物，小的并不小，大的并不大，怎么能说毫毛是最小的而天地是最大的呢？"

河伯又问："那么，怎样去区分大小呢？"

北海若说："相比较看，事物与比它小的东西相比，万物没有不大的；与比它大的东西相比，万物没有不小的。天地在比它大的事物面前，就像是米粒；毫毛在比它小的事物面前，就像是大山。"

北海若曰："……以差观之，因其所大而大之，则万物莫不大；因其所小而小之，则万物莫不小。知天地之为稊米也，知毫末之为丘山也，则差数睹矣。"

——《庄子·秋水》

简 议

在道家看来，大和小都不是绝对的，之所以如此就在于运动和比较。正如故事中大海之神北海若说的那样，万事万物在量上是无穷的，人所看到的只是一个有限范围，怎么能够给对象下结论呢？而且时间上也没有尽头，即使现在可以勉强得出结论，那么谁知道它过去和将来的情况呢？况且对象本身的界限本来就是不确定的，可能会缩小，也可能会变大，谁能预见到怎样变化呢？再说任何事物都有产生也注定要灭亡，一旦灭亡，不管是大还是小不就都不存在了吗？所以，大和小是暂时的、不确定的、相对的。

从现象上看，大时常表现为小，伴随着小。老子说："光明的道路似乎暗昧，前行的道路似乎倒退，平直的道路似乎偏斜；具有崇高品德的人往往显得卑微，具有博大品德的人好像有所不足，具有刚健品德的人有时表现为怯懦，具有纯真品德的人容易发生变化；最洁白的东西像是有污点，最方正的东西反而没有棱角，最完美的器具总是有待于完成，最美妙的声音一定很难听到，最大的形象根本看不到全貌。"① 这讲的是道，说的也是一般情况。譬如第一句，光明的道路往往暗昧，人并不是一下子就能找到自己的光明大道，在不断地摸索、寻找过程中，这条路常常模糊不清，即使在走上自己认为正确的人生之路后，也仍然时时伴随着困惑和不自信。

从发展上看，大都是由小构成的。老子说："合抱之木，生于毫末；九层之台，起于累土；千里之行，始于足下。"（《老子·第六十四章》）双臂才能抱住的大树，从细小的幼芽长成；九层的高台，由一筐筐泥土筑起；千里之外的目的地，从脚下第一步开始。不管多么伟大的事物，都一定要经历弱小，没有小的积累，就不会有大的成就。

大和小的相对性，与道的精神完全一致。前面说过，道既是最伟大的又是最渺小的，它存在于所谓高贵事物中，同时也存在于卑微事物中，从而突破了、去除了事物之间的界限。这就是说，天下所有事物、所有人都是平等的，大与小的区分不过是暂时现象，事物在本质上无所谓区别。这就意味着，世俗将人分为高贵与卑微，违背了道的原则，因此是不合理的。

道家关于大与小的思想还告诉人们，谁也没有理由自大，因为大会转化为小；谁也没有理由自卑，因为小会转化为大。总之，现实生活中的一切都处在变动流转中，所有看似固定的东西并非牢不可破，终究都会发生转变。

---

① 明道若昧，进道若退，夷道若类；上德若谷，广德若不足，建德若偷，质德若渝；大白若辱；大方无隅，大器晚成，大音希声，大象无形。（《老子·第四十一章》）

是与非

孔子有个学生叫瞿鹊子，他向一位叫长梧子的高士请教。

长梧子说："你们嘴里整天君啊民啊的，实在是迂腐至极！孔丘，还有你，都是在做梦。"他伸出一根手指，指了下瞿鹊子，接着又指向自己，"我说你们在做梦的时候我也在做梦。"

"做梦？"瞿鹊子瞪大了眼睛。

"是，做梦。"长梧子肯定地说。"譬如，你我之间展开一场辩论，如果你赢了，难道你真的就对了，我真的就错了吗？要是我赢了，难道我真的就对了，你真的就错了吗？或者说我们是一部分对了，一部分错了呢？还是都对了，都错了呢？我和你根本就无从判定。"

"可以找别人来帮着裁判。"瞿鹊子说。

长梧子摇摇头说："找谁来裁判呢？任何人一出生，来到世上，必定有暗昧不明的一面。找跟你意气相投的人当裁判，既然你们意见相同，他的判定可靠吗？找跟我意气相投的人当裁判，既然我们意见相同，他的判定能成为标准吗？"

"可以找跟你我意见不同的人。"瞿鹊子说。

"既然他已经不同意你的意见，也不同意我的意见，又怎么能做出正确的判定呢？"长梧子说。

"那怎么办？"瞿鹊子问。

"所以我说大家都在做梦。"长梧子回到开头时的话，然后说道，"要想不做梦，只有一个办法，那就把是非调和起来。是同时又是非，对同时又是错。"

长梧子曰："……君乎，牧乎，固哉！丘也与女皆梦也，予谓女梦亦梦也……是不是，然不然……合之以天倪，因之以曼衍，所以穷年也。"

——《庄子·齐物论》

在道家看来，是与非之间的界限根本无法确定，准确地说，是本来就不存在着界限。老子问："是与非，相差多少？美与丑，差距多大？"[①]说的就是这个意思。

从道的角度看，从自然方面说，事物是无所谓是与非的，是非乃是世俗概念，是人的道理。这个道理意味着偏私。为什么这样说呢？

庄子认为，人一旦以有形物出现，就有了私。这一点可以从两个方面理解。一个是因为形体，使他与其他事物相区分，进入了人这个族群，从而有了是非标准，像前面举过的那个毛嫱（qiáng）和丽姬的例子，她俩是举世闻名的美女，但鱼儿见到她们就吓得沉入水底，麋鹿见到她们就惊得掉头逃窜，在动物眼中她们并不可爱，

---

① 唯与诃，其相去几何？美与丑，其相去何若？（《老子·第二十章》）

与丑丫头没什么两样，美不美只是人的看法。

另一个是由于形体，个人有了欲望，要满足吃、穿、住等，有了对个人利益的追求，由此也就形成了个人主观标准。因为个人的利益和标准不同，对于同一件事情所得出的认识结论也就不一样，所谓"公说公有理，婆说婆有理"。

是非就这样形成了，它是人以及个人的产物。

是非的主观性也说明了它的相对性，即是与非相互依存、互为反面、各以对方为转移，而所谓的是，不过是个人自己认定的，在他人看来，这个是就是非。是与非如此地不确定，大家都从自身出发，这个标准怎么能做到公正呢？所以庄子说，圣人绝不从是非中寻找真理，而从自然的角度来看问题（《庄子·齐物论》）。

把目光转向自然，就是超越是非对立，因为自然是无所谓是非的；超越了是非，也就克服了偏私，进入了道的境界。譬如仁爱与不仁，这是世俗的是非，按照道的要求，应该既不爱也不恨，做到了不去有意地爱什么，也就做到了最广泛的爱，对所有的事物一视同仁，任其自然发展，这也就是庄子说的"大仁不仁"。庄子主张："六合之外，圣人存而不论；六合之内，圣人论而不议。"古人把东西南北以及上下这六个方位称为六合，意指寰宇，宇宙之外的事情，圣人将其暂存而不去论说；宇宙之内的事情，圣人进行论说但不去评议。不评议就是超越是非。

道家提倡超越是非，是为了扩大人的胸襟，培养包容精神，促进人与人、人与自然和谐共生的关系的形成，其中也包括了柔弱的处世态度。庄子强调："圣人与外部世界相处，不伤害对方。不伤害对方，对方也不会来伤害你。只有无所伤害，才能与人相来往。"①
超越是非，是不伤害的前提。

---

① 圣人处物不伤物。不伤物者，物亦不能伤也。唯无所伤者，为能与人相将迎。
（《庄子·知北游》）

福与祸

回放

靠近边塞有一户人家，家里的马无缘无故地跑到了胡人的地方。人们来安慰他，主人说："怎么见得这不是福分呢？"

几个月后，这匹马回来了，还带来胡人的骏马。人们来祝贺他，主人说："怎么见得这不是灾祸呢？"

家里来了胡人的好马，喜欢骑马的儿子跨上马背，结果摔下来跌断了大腿。人们又来安慰他，主人说："怎么见得这不是福分呢？"

一年后，胡人大举入侵边关，青壮年都拿起武器与敌人作战，靠近边塞的人，十之八九都战死了，唯独这家的儿子因为腿脚不方便，父子得以双全。

所以，福变为祸，祸变为福，其中的变化无穷无尽，其中的奥妙深不可测。

原文摘要

近塞上之人，有善术者，马无故亡而入胡。人皆吊之。其父曰："此何遽不为福乎？"居数月，其马将胡骏马而归，人皆贺之。其父曰："此何遽不能为祸乎？"家富良马，其子好骑，堕而折其髀（bì），人皆吊之。其父曰："此何遽不为福乎？"居一年，胡人入入塞，丁壮者引弦而战，近塞之人，死者十九，此独以跛之故，父子相保。故福之为祸，祸之为福，化不可极，深不可测也。

——《淮南子·人间训》

简　议

这是一则著名的有关福祸的寓言故事，它非常好地诠释了老子那句名言："祸兮，福之所倚；福兮，祸之所伏。孰知其极？其无正！"（《老子·第五十八章》）这是说，灾祸是幸福的倚身之地，幸福是灾祸的藏身之所。谁知道它们之间的界限呢？其中充满了变数，根本无法预测！

老子这句话至少包含四层意思。

第一，福祸变动不居，没有恒久的福，也没有恒久的祸。具体到个人，有幸运的人，也有倒霉的人，但绝没有永远幸运的人和永远倒霉的人。上天公正无私，绝没有好事都让一个人占尽了的道理，也没有坏事都让一个人去承受的规矩。俗话说三十年河东，三十年河西，就包含了这个意思。

第二，福祸互为因果，祸可以带来福，福也可以带来祸。故事中的那家人，马丢了是祸，可是马又跑回来了，还带来别的马，这是福，祸带来了福；儿子想试试新来的马怎样，骑上去摔下来，跌断了大腿，福又带来祸；战事突起，别人都战死了，这个人因为腿有残疾上不了战场，活了下来，祸又带来福。福祸是相互引发的。

第三，福祸互相包含，没有纯粹的福，也没有纯粹的祸。有则寓言，说的是赵国有一家人，深受鼠害，就到中山国要来一只猫，这只猫很是厉害，一个多月就把老鼠捉光了。同时遭殃的还有鸡，家里的鸡没剩一只（刘基：《郁离子·枸橼（jǔ yuán）》）。得到一只善于捕鼠的猫是福，但同时也带来了祸，福和祸集中在一件事情上，有一利必带一弊。全是福而没有一点祸的事情从来找不到，全是祸而没有一点福的事情也从来没有发生过。这就意味着，你受到了损害，一定会得到某种补偿；你得到了好处，一定要付出某种代价。

第四，福祸难以预测，不知道什么时候就降临到人们头上，充满了偶然性。也是一则寓言，说的是楚国有个人担着野鸡走路，一个外乡人没见过这东西，便问这是什么鸟？楚人逗他，回答是凤凰。外乡人信以为真，非要买下凤凰不可，楚人借机狠狠地敲了他一笔。外乡人花高价买假货，显然不是好事，这个倒霉的人接着又做出一个可能带来更大灾祸的决定，把这只吉祥鸟献给楚王。不想一夜后"凤凰"死了。这件事一传十，十传百，经过人们不断加工，终于传到了楚王耳朵里。楚王深被那个人的忠心所感动，于是召见并重重地赏赐了他，赏金超过了他买野鸡钱的一倍（刘基：《郁离子·鲁班》）。外乡人路遇欺骗他的楚人是偶然性，买到手的假凤凰死了是偶然性，事情能传到楚王那里，也有偶然性，其中的福祸就是由一系列偶然性构成的。

上述可以概括为一点，即福祸之间的界限是相对的，庄子把它概括为"安危相易，福祸相生"（《庄子·则阳》）。意思是说安全与危险、幸福与祸患是相互依存、相互转化的。

明白这一点，有助于我们冷静地对待福与祸，树立起达观、从容、平静的生活态度。福分降临，我们感恩，但绝不狂喜得昏了头，因为它可能引发一系列相反的变故；灾祸袭来，我们不怨天尤人，更不绝望，因为它可能同时带来好的转机。"泰山崩于前不变色，惊雷响于后不更容"，是古人对那些处变不惊的人的形容，用语虽然夸张，但其中的精神是人人都可能学习的，这就是超然。

有与无

惠子是战国时期哲学家，喜欢辩论。他跟庄子是好朋友，因为观点不同，一见面就斗嘴。

惠子说："你的言论一点用都没有。"

庄子笑了笑，说："知道了无用，然后才可以谈论有用。"

惠子奇怪地望着庄子，问："怎么讲？"

庄子说："譬如大地，尽管广阔无边，但人站立的地方不过是能够放下脚那么大的一块地方罢了。我的意思是，只有这块地方是有用的。"

"是的。"惠子点点头。

"那好。"庄子说，"现在假设没有大地，我们从黄泉开始往起垫土，只垫出一小块土地，这块地方仅仅能容下脚，其他地方都是万丈深渊。我问你，这块地方还有用吗？"

"当然没用。"惠子说。道理很清楚，四面深渊围着这么一小块土地，不要说做事情了，就是走路都办不到。

"这样看来，无用起着有用的作用了。"庄子说。

原 文 摘 要

惠子谓庄子曰："子言无用。"庄子曰："知无用而始可与言用矣。夫地非不广且大也，人之所用容足耳。然则厕足而垫之致黄泉，人尚有用乎？"惠子曰："无用。"庄子曰："然则无用之为用也亦明矣。"

———《庄子·外物》

简 议

这篇故事思辨性较强。刚开始庄子和惠子达成共识，对人有用的土地只是人脚下踩的那么一点点，之后庄子通过假设来证明，惠子也同意，这一点点土地对人也没用。然而前面又都承认它是有用的，所以庄子说无用就是有用。

这里说的是有用和无用，其实讲的是有与无的关系，这是道家格外关注的问题，对它的思考使道家在哲学上达到了一个相当的高度。

综合老子和庄子的论述，有与无的关系问题可以大致分为两个层次：一个是有无相生，一个是无为根本。

先看有无相生。这是老子说的，原话是："有无之相生也，难易之相成也，长短之相形也，高下之相盈也，音声之相和也，先后之相随也，恒也。"（《老子·第二章》）意思是，有与无相互依存，难与易相互形成，高与低相互衬托，音与声相互和谐，先与后相互接替，这些都是恒常不变的。这里，强调的仍是事物的相对性，所谓艰难，不过是与容易相比较而言，正因为存在着容易的事情，才显出情况的难度，所以艰难以容易为前提，反过来也一样。

再看无为根本。有与无相互依存，互为条件，然而事情总有先后主次，那么二者孰先孰后？道家认为，无在先，有在后。老子说："天下之物生于有，有生于无。"（《老子·第四十章》）万事万物是从有形的东西产生出来的，而有形的东西则来自于无形。对于这一点，庄子讲的宇宙生成过程可以作为一个注脚。他这样描述：宇宙在最初的时候，只是虚无；后来生出"一"，它浑然一体，没有形状；之后有了阴阳的区分，它们的结合开始了万物的生成；每一种事物都有自己的形体和性质，到了这一步，才谈得上有（《庄子·天地》）。这说的是宏观世界，就具体的事物来说也遵循着这个过程。譬如某一个人，本来世界上并没有他，他只是无，父母结合，才有了这个新生命。再如我们身边新发生的事情，原先没有这件事，后来一些要素聚合在一起，就构成了一件事。

老子曾经把天地比作一个大风箱。风箱是古代冶炼和锻造金属的工具，用皮革或木板制成，中间是空的，人推拉活塞，产生气流，形成风，风将炭火吹旺，火苗熔化矿石，烧软金属，被匠人铸造成各种器具。老子说："天地之间，不正像风箱一样吗？其中空虚无有，越是鼓动所产生的东西也就越是丰富。"[①] 这就是虚无的作用和力量。如果仅仅只有充实（有）而没有虚无，一切都将停止。虚无是活力的源泉。

因为虚无是根本，具有无限的力量，所以道家主张返回虚无的原初状态。老子说："万事万物纷繁众多，最终都一定回归自己的本原，这叫作'静'。'静'也就是恢复本性。恢复本性的运动是

---

① 天地之间，其犹橐龠（tuó yuè）乎？虚而不屈（gǔ），动而愈出。（《老子·第五章》）

永恒的规则。懂得这一点，就叫作明智。"[①] 由于无产生有，而有又复归于无，庄子说"虚乃大"，虚无比实有大，是最大的东西。

那么，这种把虚无放在实有之上的思维有现实意义吗？回答是肯定的，意义主要有三个。第一，清心。保持心的空虚和恬淡，不受外界事物的迷惑。清静的水可以映照出人的眉毛和胡须，虚静的心才能够认清根本道理。第二，超脱。保持自己人格的自由和独立，不受世俗道德的影响和束缚。洁白的纸张可以描绘最好最美的图画，没有包袱的生命才能焕发出最大活力。第三，归根。保持回归真实自然的人生方向，不受名利的干扰。追求物质的同时也就是被物质牵着走，超越物质才能找回生命的本真。

---

① 夫物芸芸，各复归其根。静，是谓复命。复命，常也。知常，明也。(《老子·第十六章》)

拾 得

本节内容可以概括为两大部分：一是相反相成，一是以虚无为根本。从哲学上看，前者属于方法论问题，后者属于本体论问题。

从对立统一关系中认识事物，是道家思想的一个鲜明特点。除本节涉及的有用与无用、大与小、是与非、福与祸、有与无之外，还有阴与阳、善与恶、智与愚、仁与不仁、静与动、雄与雌、柔弱与刚强、争与不争、无为与有为，等等，不一一列举，可以说，没有一个问题是被孤立地谈论的。譬如仁，要懂得什么是真正的仁，就要从不仁的方面来理解，为此，大仁被界说为不仁不亲，所谓"大仁不仁""至仁无亲"。只有不去刻意地爱，或者说不是为了追求仁的规范而去表现自己的爱，只有不去偏爱亲近的人，才能达到真正的仁爱，即自然而然的爱、诚挚的爱。再如争，真正有效的争其实是不争，避免与他人正面冲突，采取迂回的办法，或者索性置身于局外，往往能够收获最多，而付出的最小，这是从不争的方面来理解争。

这种从对立的方面理解事物的方法在哲学上就叫"反思"。譬如，对于一支球队，我们并不了解它的实力，但如果我们熟悉它的对手，那么对这支球队的水平也就可以做出基本的判断了。反思可以使我们多层面地理解事物，使认识立体化。就拿仁的观念来说，本来它的基本内容只是爱，道家从"不仁""无亲"的方面又加入了不偏私也就是公的精神，同时突出真诚的意义，由此人们对仁的理解也就更全面了。

　　总之，任何事物都是相反相成的，没有其中的一方，另一方就不能存在；没有一方的促进，另一方就不能发展。道家认为，这种情况是普遍的、必然的。老子说："反也者，道之动也。"（《老子·第四十章》）相反相成是道的运动。前面谈过的太极图，形象地表达了这个思想，整个图就是由阴和阳两个部分构成的，而每一部分又环抱着相反的部分，表明双方是相互渗透的。

　　道家思想中最具有哲学价值的大概就是关于虚无的看法了。存在主义认为，以往的哲学都是从"有"出发，譬如理念、上帝、自我、原子等，将其视为本体，也就是最根本的存在，其实这并不可靠，因为还有比"有"更原初的东西，这就是虚无。以虚无为本体，是存在主义惊世骇俗的一笔。我们都知道，哲学以追求世界的终极存在或者说本体为学科特征，而哲学家对本体的确认也就为现实生活提供了前提。柏拉图提出的美、善、正义等理念就是这样的前提，是任何社会和个人必须遵循的价值和秩序。从这个意义上说，儒家也是从"有"出发的，仁义等规范被视为上天的规则被接受下来，成为人间的价值和基本秩序。而一旦"有"的根本地位被虚无所取代，现存价值和秩序就动摇了。这就是存在主义所要达到的效果。这样看，哲学上的"虚无"意味着对现实制度投反对票。

　　道家思想就是这样的否决。它想告诉人们，世俗的典章制度、道德法令，总之人为的一切，都不是最根本的，用它们来统治民众，完全是一场迷失，也达不到为天下确立良好秩序的目的，只能造成人性的扭曲和社会的混乱。要扭转乱局，唯有回到根本上来，即去掉人为因素，恢复人以及社会的自然而然状态。对于世俗社会来说，这种自然状态就是虚无，因为这里没有打上人为的印记。

对于生命来说，虚无意味着死亡。那么，道家是如何看待生与死的呢？

生死一体

在生与死的面前，
道家的态度是豁达的。
那么，这种态度是怎样形成的呢？

生死相依

回放

鲁国有个人叫叔山，因为触犯刑律被斩断了脚指头，人们叫他叔山无趾。

这天，他挪动着脚后跟来见孔子。孔子埋怨道："您自己不谨慎，弄成这个样子。如今来找我，我又有什么办法呢？"

叔山无趾说："正因为我不懂事，轻率地对待自己的身体，才丢掉了脚指头。现在我来这里，是因为还有比脚指头更宝贵的东西没有丢失，所以来谋求保全的办法。天无所不覆盖，地无所不承载，我把先生看成天地，哪里想到您是这样的人呢？"说完就走了。

叔山无趾见到老子，说："孔丘大概还没有达到至人的境界吧？难道不知道至人把名声看成人生的枷锁吗？"

老子说："你为什么不告诉他，生与死是链条上相连的环节，从而为他解开身上的枷锁呢？"

叔山无趾摇摇头，说："这是上天给他的刑罚，又怎么解得开！"

原文摘要

无趾语老聃曰："孔丘之于至人，其未邪……"老聃曰："胡不直使波以生死为一条，以可不可为一贯者，解其桎梏，其可乎？"

——《庄子·德充符》

简 议

所谓至人，是把握了"道"的人，也就是道德最高的人。叔山无趾说孔子没有达到至人的境界，因为他太在意名声和制度了，从而戴上了世俗的枷锁。老子看得更深一些，建议从生死问题上启发孔子，如果能够超脱生死，那么名声等世俗的一切也就变得不重要了。叔山无趾没有信心，认为世俗的枷锁是上天对孔子违背道的惩罚。

这个担心是有根据的。上面说过，儒家是从"有"出发的学说，具体到生命上，就是关注生，不深究死。子路请教死是怎么回事，孔子说："未知生，焉知死？"（《论语·先进》）还没搞清楚生的道理呢，想哪门子死的问题。

道家不这样看，认为不懂得死的道理，就不知道生的意义，生死是一体的。为什么这样说呢？

首先，死是人生不能回避的最重大问题。任何人都是要死的，这是常识，老子说，天地都不能恒久，又何况人呢！（《老子·第二十三章》）庄子将生死视为必然，说："死生，命也，其有夜旦之常，天也。"（《庄子·大宗师》）这里，庄子把死放在生的前面，意在强调生是从虚无中产生的；命可以理解为命运，但其中命令的意义更重一些，生死是"道"的演化、决定、安排，正如日夜更替是天的不变的规则一样。说得具体一些就是，天地给了人形体，然后用生来使人劳作，用衰老来使人休歇，用死亡来使人安息。

其次，生死是一个整体。生与死不是相互否定的对立事物，而是生命中相互依赖的现象。关于这一点庄子说过一句很晦涩的话："不以生去生死，不以死去死生，生死还能存在吗？"意思是，不存在独立的生，也不存在独立的死，一个东西获得生命，不是因为生加在它上面，一个东西死去，也不是因为死加在上面，死与生都是事物自己的过程。所以紧接着庄子说："死与生是一体的。"①它们共存于生命这个同一体中。被后人常常引用的庄子的话"方生方死，方死方生"（《庄子·齐物论》），说的也是这个意思，事物生的同时就包含着死，死的同时又孕育着生。

由于生死是必然的、相联系的，遵从生命的自然过程就是明智的。然而，世人不明白这个道理，一味追求生，以各种人为的手段进行干预，结果适得其反，伤害了生命。其实，真正的尊重和维护生命，就是不去刻意为之，以超然的态度对待生死。庄子说："古时候得道的人，不因为活着高兴，不因为死亡恐惧；出生了不欣喜，死去了不抗拒；自然而然地来，自然而然地去，如此而已。不忘记自己生命的开始，不寻求死亡的归宿；生命来了就愉快地接受它，生命回去了就把它忘掉。这就叫作不用自己的意志损伤'道'，不用私自的做法去强求天，这就是得道的人。"②

这是对生命的宽容。抱着这样的态度，不伤神，不损身，生命反而更能持久。

---

① 不以生生死，不以死死生。死生有待邪？皆有所一体。（《庄子·知北游》）

② 古之真人，不知说生，不知恶死；其出不䜣，其入不距。翛然而往，翛然而来而已矣。不忘其所始，不求其所终。受而喜之，忘而复之。是之谓不以心捐道，不以人助天，是之谓真人。（《庄子·大宗师》）

生死转化

回　放

有四个高士，分别叫作子祀（sì）、子舆、子犁、子来。

他们不约而同地说："谁能把无当作头，把生当作脊背，把死当作屁股，能把生死存亡融为一体，我就跟他做朋友。"四人相视而笑，心意相通，于是便成了朋友。

不久，子舆病了，子祀前去探望。

子舆说："伟大的造物者要把我变成佝偻了，腰弯下来，背高上去，肛门长在上面，下巴贴到肚脐下，肩膀比头还要高，臀部朝向天，阴阳之气不协调，没有心思也没有多少事情可做。"

子祀问："你嫌恶这种变化吗？"

"不，"子舆说，"我有什么可嫌恶的？假如把我的左臂变成鸡，我就让它报晓；假如把我的右臂变成弹丸，我就用它来打鸟烤肉吃；假如把我的屁股变成车轮，我就用精神做马，乘坐在上面行走，哪里还用得着别的车子？"

不久，子来也病了。子犁前去探望。

子来咳喘不停，就要死了，妻子儿女围着他哭成一团。子犁说："去，走开，别打扰将要变化之人。"然后倚着门对子来说："伟大呀造化！将要把你变成什么？又要把你送到哪里去？是变成老鼠的肝脏呢，还是变成虫子的臂膀？"

子来说："儿子对于父母，不管在什么情况下，都必须唯命是从。

上天对人来说，何止是父母，我听从他的安排。假如一个匠人冶炼一块金属，金属突然跳着脚喊：'我要炼成一把镆铘（mò yé）宝剑！'匠人一定会把它看成不祥之物。如今我获得了人的形体，就叫喊着'我要当人，我要当人'，那么，上天也一定认为我是不祥之人。天地对我们来说就是一个大熔炉，造化就是匠人，我就是那块金属，到哪里去不可以呢？成为人就进入人生的梦境，成为别的事物，梦就醒了。"

子祀、子舆、子犁、子来四人相与语曰："孰能以无为首，以生为脊，以死为尻（kāo），孰知死生存亡之一体者，吾与之友矣。"四人相视而笑，莫逆于心，遂相与为友……

……子来曰："……今之大冶铸金，金踊跃曰：'我且必为镆铘！'大冶必以为不祥之金。今一犯人之形而曰：'人耳！人耳！'夫造化者必以为不祥之人。今一以天地为大炉，以造化为大冶，恶乎往而不可哉？成然寐，蘧然觉。"

——《庄子·大宗师》

简 议

从这个故事中，我们可以看到古人的一种观念，就是死亡只是目前这个具体生命的结束，但同时又是新生命的开始，可能继续做人，也可能变成别的什么。庄子说："生也死之徒，死也生之始。"（《庄子·知北游》）徒是伴侣，意思是说，生伴随着死，必定走向死，而死则是生的开端。生与死是相互转化的。

暂且不说死意味着新生，就死亡本身来看，也不一定是多么坏的事情。庄子讲过他的一个梦，他半路上捡到一个骷髅，枕着它睡着了。梦中骷髅说："你想听听死后的快乐吗？那时，上面没有君主，下面也没有臣子；没有一年四季，也没有生死的负担——就是当君主的快乐也比不上啊。"庄子不相信，说："如果恢复你的生命，让你回到父母、妻子和朋友中去，你愿意吗？"骷髅不满地说："我怎么会放弃连君主也比不上的快乐而重返人间去受苦受罪呢？"（《庄子·至乐》）在这里，死亡被理解为人间苦难的解脱。苦难不只是操劳、负担、拖累、病痛等生活压力，还包括礼制法度以及道德规范所造成的社会压力。道家更看重的是后一种，因为它与人的自然本性格格不入。道家把因放弃自己天性而遵从世俗要求所带给人的痛苦称为"倒悬之苦"，就像把人头朝下吊在房梁上似的，又叫作"天刑"，是上天对违背自然的人的惩罚。这就是生的代价，人享有生命，就一定要承受相应的痛苦，而所有的苦难都会随着生命的结束而消失。

既然死不是什么坏事，也就不必为死而悲泣。《庄子》中讲了这样一件事：一个叫子桑户的人死了，孔子打发子贡去帮助料理后事。子贡到了现场，竟然见到死者的朋友弹琴唱歌："哎呀，子桑户啊！你回归本真了，可我们还在人间啊！"子贡大惊，责怪他们不合礼仪。他们反而说子贡不懂得礼的真意。

这样的见解是贬损生命吗？不，恰恰是对生命的敬重。它的目的就是使活着的人不为死亡而恐惧，不因亲友的过世而经受心灵折磨，使自己在即将走到人生尽头时保持一份从容和坦然。说死是生的开端，或许不符合科学，但却符合人情。

真我永恒

回　放

庄子的妻子死了。

惠子前去吊唁，就见庄子叉开双脚，簸箕形地坐在地上，旁边放着个瓦盆，他一边敲打瓦盆一边唱歌。

惠子皱起了眉毛，不满地说："人家与你共同生活在一个屋檐下，为你生儿育女，然后衰老、死去，你倒好，不流泪也就罢了，却敲着瓦盆唱起歌来，太过分了！"

"根本不是这么回事。"庄子的手从瓦盆上拿开，说，"她刚死的时候，我怎么会没有感慨呢？但是推究起来，她原本是没有生命的；不光没有生命，而且连形体也没有；不光没有形体，而且连气息都没有，混杂于混沌之中。后来经过变化而有了气，气又经过变化而有了形体，形体又经过变化而有了生命，如今又经过变化而死去了。这与春夏秋冬的四季轮回运行是一样的。现在她正要安然地睡在天地之间的大房子里，而我却跟在后边嗷嗷地哭，这不是不通天命吗？想到这儿，我就不哭了。"

原 文 摘 要

庄子妻死，惠子吊之，庄子则方箕踞鼓盆而歌。惠子曰："与人居，长子、老、身死，不哭亦足矣，又鼓盆而歌，不亦甚乎！"庄子曰："不然。是其始死也，我独何能无概然！察其始而无

本生；非徒无生也，而本无形，非徒无形也，而本无气。杂乎芒
芴（wù）之间，变而有气，气变而有形，形变而有生。今又变而之死。
是相与为春秋冬夏四时行也。人且偃然寝于巨室，而我嗷嗷（jiào）
然随而哭之，自以为不通乎命，故止也。"

——《庄子·至乐》

在庄子那里，人是由两个部分构成的，一个可以叫作真我，另
一个是形体。他说："生者，假借也。"（《庄子·至乐》）形体
是真我暂时借用的人身、躯壳。死亡的只是人的形体，而真我则是
无所谓生灭的。在上面的故事中，庄子之所以由开始时的哀伤转变
为后来的豁达，就是想通了这个问题。

为什么说真我不死呢？可以从两个方面看。

首先，从人的世俗生命来看。一个具体的个人，本来并没有生
命，只是虚无，就像上面故事中说的那样，先是一团混沌，后来一
步步演化出气、形以及生命，于是真我就有了形体。真我一旦拥有
了形体，也就有了死亡，死是人回到虚无。这实际上是"道"的运
行过程，万事万物都遵循着这个规则。生命结束之后，真我又开始
新的一轮演化，再生再死。这个过程周而复始，永不停息。庄子曾
把生命比作一支火把，火把烧尽了，用它的火焰再点燃一支新火把，
就这样一支接一支地燃烧下去，"不知其尽也"（《庄子·养生主》）。
生命火种永不熄灭。

其次，从人与其他事物的关系看。人与万物是相通的，不只是

遵循着共同的规则，而且是互变的。《庄子》中有一则很著名的故事，说的是庄子梦到自己变成了一只蝴蝶，醒来后搞不清楚是自己做梦变成了蝴蝶呢，还是蝴蝶做梦变成了自己？庄子用这个梦来说明事物之间的相互转化，这一转化是真我继续存在的一种方式。

当然，现实世界中找不到庄子讲的这些，所以他也只好在梦中求证它。其实，人是否不断经历着由死到生又由生到死的无尽过程，是否能够物化为别的什么，并不重要，重要的是其中表现出来的对生命的坚定信念，永恒不过是这种信念衍生出来的一个理念。

拾 得

生与死是生命的最基本现象，是人生的最重大矛盾。与世人关注生远远超过关注死一样，中国古代本土思想家一般不谈论死亡，但道家是个例外，不仅不回避死亡问题，而且将它放在与生同等重要的位置上，道家为什么要这样做？

是生不如死吗？前面说过，道家对社会现实抱着强烈的批判乃至否定态度，以至于把死亡视为一种解脱，然而由此并不能得出道家厌弃生命的结论。在道家那里，对人生的领悟与对宇宙的体察是相互映现的，"道"的运行从无到有，又从有到无，生命的过程从死到生，又从生到死。或许我们可以套用虚无比实有更根本的模式，认为道家更重视死亡的意义，但不能说有不如无，生不如死，正如有与无都是道的展开一样，生与死也是生命的展开，它们之间存在着现象的差别，但绝无价值的区分，都是生命链条上不可缺少的环节，地位是平等的。

后来的道教思想家葛洪（晋，284~364）曾经站出来为道家辩护，说老子和庄子不仅不蔑视生，反而是贵生的典型。他说，老子把长生一直视为自己的事业（老子曾提出"长生久视之道"《老子·第五十九章》）。庄子追求无拘无束的人生，宁可做一只拖着尾巴自由自在生活在泥水里的龟，也不愿做被包裹着丝帛高高供在庙堂上的神龟，不愿做披着绣花彩衣而被用于祭祀的牛，然而，为了活下去他还是忍受着羞辱去找监河侯借粮食，这说明他并不赞成所谓的生不如死（《抱朴子·勤求卷之十四》）。葛洪说得对，从总体上看，道家的确是高扬生命的价值的，在生命面前，正如前面涉及的那样，无论是财富、权位还是道德，都黯然失色，为了生存，人们甚至应该磨去棱角，采取柔弱的姿态。

那么，人们认识死亡，有什么意义吗？回答是肯定的。其中最重要的意义表现在人生观方面，也就是人们常说的：知死方知生。譬如，知道了死亡，才衬托出生的可贵，从而使人更加珍惜生的时光，把应该做的事情抓紧做完。再如，懂得了为什么而死，才能够坚持为什么而生，孔子所说的"朝闻道，夕可死"就带有这样的启示。早晨听懂了根本道理，晚上死了也值得，表达了为道义而死并由此推及为道义而生的心迹。

这个思路也是道家的思路。在道家那里，"道"不是道义，而是自然状态。死是自然发生的事情，人应该顺其自然，不怨天尤人，不做无谓抗争，坦然地面对死。明白了这一点，对生的理解也就能更加透彻，从而促使人们以超然、豁达、宽容的态度对待生活，自然而然地、从容不迫地走完自己的这一生。这样说来，死就是生的注脚，不是为了死而谈论死，而是为了生而谈论死。由此可以说，在道家那里，无论是死还是生，最后突出的都是生命的尊严。恰如印度诗人泰戈尔唱的那样："使生如夏花之绚烂，死如秋叶之静美。"

死亡是现代西方哲学的一个重大话题，其中尤以存在主义哲学家海德格尔（德国，1889~1976）的影响最大。海德格尔认为，与其他事物不同，人只是"可能性"，因为他是在自己活动所开辟的可能性领域中来实现自己的，人可以成为士兵、工人、商人，也可以成为教师。在诸多可能性中，只有一种可能性是不可逃避的、他人不能替代的，那就是死亡。所以海德格尔把它称为人的"最本己的可能性"。正是死亡的这种个别性、私自性，使人领会到自己本应是个体性的存在，由此从磨灭个性的大众化的严酷社会现实中猛醒。不难看出，这个观点与道家是接近的，这也从一个侧面证明了道家思想的价值。

　　道家讲生死问题，是要启发迷失于世俗中的人回到自然的我，也就是我们常说的返璞归真。那么，人怎样做才能返璞归真呢？

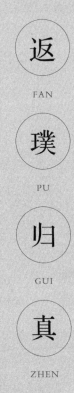

返
FAN

璞
PU

归
GUI

真
ZHEN

要　义

　　真正的智慧以遵守自然法则（道）为出发点，以保持人的淳朴和独立为标准，这样的智慧才能引导人返回本真状态。返璞归真的过程也是人获得自由的过程。

中华优秀传统文化是什么

道家第一课

婴儿——自然的回归

人要返璞归真，
首先必须解决的就是智慧问题，
不是智慧不够，
而是智慧太多。
为什么这样说呢？

心智的危害

 回放

子贡带着学生到楚国游历，在汉水南岸遇到一位老人。他站在井边，用水罐把水提上来，然后抱着水罐走到菜地，把水浇到地里。

子贡摇摇头，这种干法太笨拙了，吃力不说还没有效率，于是向老人提议："现在有一种工具，一天能浇上百畦地，很是省力，老先生不想试试吗？"

老人停下手里的活儿，问："什么办法？"

子贡上前说："用木头做一根长杆，后头重前头轻，提水像是抽水一样，这种机械叫桔槔（gāo）。"

老人冷笑一声，不屑地说："就这种东西呀。"听口气，好像知道这种机械。

"您既然知道这种提水方法，干吗不用呢？"子贡很是奇怪。

老人把水罐垂到井里，说："我听我的老师讲过，使用机械的人做起事来一定投机取巧，而做事机巧的人动起心思来一定充满了机变。机变存在于胸中，原本纯粹洁净的心灵就不完整，而心灵不完整，精神和本性就不安定。精神和本性不安定，就不能载'道'。年轻人，我不是不知道您说的那种办法，是实在不愿意那样做呀。"说着，提上一罐水，把水倒进菜地里。

子贡满面惭愧，转身离去。走出三十里地才缓过劲儿来。

一个学生问："老人的几句话为何竟使先生情绪如此低落？"

子贡是孔子学生中最活泛的一个，是著名的外交家，还是那时最有本领的大商人，心理素质本是极好的。

子贡长叹一声，说："原来我以为天下圣人只有孔夫子一人，不想还会有这样的人。我听先生讲，做事要求可行，功业要求成就，用力要少，见效要快，这就是圣人之道。现在看来并非如此。那位老人使我明白，只有守持'道'的人德行才完备，德行完备的人形体才健全，形体健全的人精神才完整，精神完整才是圣人之道。这样的人，心中绝无功利机巧，不同于自己志向的不追求，不同于自己心思的不去做。他们才配得上叫作德行完备的人，而我只能叫作心神波动的人。"

原 文 摘 要

子贡曰："……吾闻之夫子，事求可，功求成，用力少，见功多者，圣人之道。今徒不然，执道者德全，德全者形全，形全者神全，神全者，圣人之道也。托生与民并行而不知其所之，汒（máng）乎淳备哉！功利机巧必忘夫人之心。若夫人者，非其志不之，非其心不为……是谓全德之人哉！我之谓风波之民。"

——《庄子·天地》

简 议

在今天的人看来，这实在是一件奇怪的事，明明知道有省力高效的工具却偏偏不用，理由是机械会使人丧失淳朴自然的本性，而这种见解竟然使一个以智慧为自豪的"士"惭愧不已，似乎智慧是一种罪恶。

在道家看来，世俗的智慧就是负面的东西。远古时代，民性淳朴敦厚，没有心机，大家和谐相处，其乐融融。自从有了智慧，世道就乱了。"智慧出，有大伪。"（《老子·第十八章》）虚伪、做假、诈术都是以心机为基础的，都是智慧带出来的。接着就是"奇物滋起"，各种新奇物品以及邪风怪事也相继出现，这是"民多智能"的必然结果（《老子·第五十七章》）。故事中的桔槔就属于奇物，盗贼就属于怪事，可以划入怪事的还有各学派之争。儒家、墨家、名家等纷纷出场，争着用自己的学说迷惑大众，诱导人们追求名利，他们拉帮结派，互相指责、攻击，搞得人心越来越乱。最糟糕的是，为了获得名利，人们费尽心机，随着外物而变迁，结果反被物质所役使。

世俗智慧的本质是偏私。为什么这么说呢？《庄子》中，老子曾这样讲，从舜治理天下开始，民众就有了竞争之心，智力快速发展起来，五个月大的孩子就会说话，还不会笑就能够认识人。到了禹的时代，民心更复杂了，禹把天下传给自己的子孙，而在此之前天子都是由推举出的贤人来担任的。到了老子生活的春秋时期，民心更坏，竟然发展到占有好人家的女儿却被视为合理的地步。这里所说的竞争、传位、占有，指向的都是私利，智慧就是围绕着私利发展起来的（《庄子·天运》）。此外，从人们的认识中也能看到智慧的偏私本质。人总是站在自己的角度看问题，总是只看事物的一个方面而不看其他方面，得出的结论也总是出于个人判断（《庄子·齐物论》）。所以庄子说"知为孽"，智慧是人的孽根（《庄子·德充符》）。

这意思是说，智慧是属于人的东西，为人所独具，但却是败坏人的自然本性的东西。在道家那里，智慧属于社会，本性属于上天，顺从心智，定然离弃本性[1]。既然智慧与人性相对立，那么，要返璞归真就不能走智慧的道路。庄子说："对于在世俗学问影响下形成的性格，却主张通过世俗学问恢复天性，对于被世俗思想扰乱了的欲望，却主张通过世俗思想找回本来的清明，这叫作蒙蔽糊涂人。"[2]

---

[1] 去性而从于心（《庄子·缮性》）

[2] 缮性于俗学，以求复其初；滑欲于俗思，以求致其明，谓之蔽蒙之民。（《庄子·缮性》）

智慧的局限

宋国的国君半夜梦见一个人，这人披头散发，从门框旁边探进脑袋说："我是清江的使者，要去见河神，不想半道上被一个叫余且的渔夫抓住了。"

宋君醒来后命人占卜，说是托梦的是一只神龟。宋君吩咐人去查一查有没有一个叫余且的渔夫，回复说有。宋君派人叫来余且。

宋君问："你打鱼捕到了什么？"余且说："一只白色的大龟，龟壳足有五尺。"宋君命他献上来。

白龟送来后，宋君一会儿想杀了它，一会儿又想放了它，心中很是犹豫。于是又去占卜。得到的喻示是：杀掉，用它的腹甲做占卜器具有利。宋君杀掉了白龟，取下它的腹甲用来占卜。一共占卜了 72 次，没有一次不灵验。

孔子听说了这件事，说："神龟能给宋君托梦，却不能逃脱余且的罗网；能预先知晓 72 次占卜的结果，却不能逃脱杀身之祸。这样看来，智慧是有其局限的，即使是神灵也有达不到的地方。就是智慧再高，也抵挡不住众人的谋算。"

仲尼曰："神龟能见梦于元君，而不能避余且之网；知能七十二钻而无遗荚，不能避刳（kū）肠之患。如是，则知有所困，

神有所不及也。虽有至知，万人谋之。"

——《庄子·外物》

龟甲是古人用来占卜的理想器具，据说最为灵验，而占卜又被认为是智慧的高深形式，为祭司所独掌。然而，在这个故事中，代表智慧的神龟竟变成了一个可怜巴巴的愚蠢角色，先是落入渔夫的罗网当了俘虏，之后又被它所求助的国君宰杀，取它的腹甲做成占卜器具。这么有智慧的东西，连自己的安全和生命都保证不了，有智慧又能怎么样？

为什么说智慧是有局限的呢？可以从两个方面看，一是个人与万物的关系，一是个人与"道"的关系。

先看人与万物。从空间上说，个人是一，而万物是多，多到无限；从时间上说，个人生命是一定的，而万物生生不息，也是无限。所以，个人要掌握有关万物的全部知识，根本就不可能。庄子说："我们的生命有一定的限度，而知识却没有限度，以有限的生命去追求无限的知识，势必陷入困境。既然如此，仍然要坚持掌握所有知识，这只能陷入更大的困境。"[1]这是从生命的有限性来讲智慧的局限，从人的能力来说，智慧也是有限的。庄子又说："智慧是对外物的认识，又是内心的计谋，智力有达不到的地方，就像眼睛有看不到

---

[1] 吾生也有涯，而知也无涯，以有涯随无涯，殆已。已而为知者，殆而已矣。(《庄子·养生主》)

的地方一样。" ①

　　再看人与"道"。道不是具体事物，它没有声音，没有形体，包容一切。而人却不同，他一旦有了形体，成为人，就是具体事物。凡是具体事物，就有自己的边界，人也一样，他的边界就是偏私，总是用自己的一孔之见去理解周围的一切，这与道的包容性或者说至公无私是相抵触的。所以不忘记自我是不能通达道的。

　　智慧不仅不能帮助人领悟道，从而回到自然而然的本真状态，反而是横在他们之间的障碍。

---

① 知者，接也；知者，谟（mó）也。知者之所不知，犹睨（nì）也。（《庄子·庚桑楚》）

无智和大智

 回　放

黄帝巡游来到赤水北岸，登上昆仑山向南眺望。

返回时丢失了"玄珠"，黄帝决定把它找回来。他挨个看了一遍跟随的人，他们分别是智、离朱、喫诟（chī gòu）和象罔。智善于思索，再艰深的问题也难不倒他；离朱善于明察，再细小的毛病也逃不过他的眼睛；喫诟善于雄辩，再复杂的事情也能说得清清楚楚；只有象罔好像没有什么特长，一副迷迷糊糊的样子。

黄帝先派善于思考的智去寻找"玄珠"，智没有找到。又派出明察秋毫的离朱，离朱什么也没有发现。接着是喫诟，也空着手回来了。最后，无人可派了，只好打发心不在焉的象罔前往。象罔回来了，手里拿着"玄珠"。

黄帝说："真是奇怪呀！难道只有象罔这样不用心的人才可以找到'玄珠'吗？"

原　文　摘　要

黄帝游乎赤水之北，登乎昆仑之丘而南望，还归，遗其玄珠。使知索之而不得，使离朱索之而不得，使喫诟索之而不得也。乃使象罔，象罔得之。黄帝曰："异哉！象罔乃可以得之乎？"

——《庄子·天地》

简 议

这是《庄子》中最富于哲理性的一篇寓言，其中处处包含着隐喻。古人观念中，山脉构成了大地的骨架，而昆仑山是众山的最高中心，赤水是发源于昆仑山的一条河。玄是道的别名，"玄珠"表示道。智、离朱、喫诟分别是智慧、聪明、言辩的化身，代表的是世俗智力。罔的意思是蒙蔽，象罔就是愚笨、不开化之人。结果是被世人丢失的"道"，依靠智力找不到，却被愚笨找回来了。

这就是道家的看法。"道"是最自然的形态、最朴素的真理，只有最纯粹、最质朴的人才能够获得它，而这样的人在世人看来，智力似乎有问题，他们与众不同，跟不上潮流。道家学者号召人们去做的就是这样的人。老子曾自嘲地说："世人高兴欢乐，如同参加盛大的宴会，又像登上高台眺望春天的美景。唯独我淡漠没有反应，就像是一个婴儿还不会笑。疲惫懒散啊！像是无家可归。世人都富足有余，而我却有所失。我有的只是愚笨人的心肠啊，愚不可及！世人都明白清醒，而我却昏昏沉沉！世人都目光敏锐，而我却糊里糊涂！世人都有所作为，而我却愚顽鄙陋。沉静啊！像大海；广阔啊！像天空。我期望着与世人不同，只推崇'道'——万物的母亲。"①

---

① 众人熙熙，若乡于大牢，而登春台。我泊焉未兆，若婴儿未咳。累呵！如无所归。众人皆有余，我独遗。我愚人之心也，惷惷（chǔn）呵！鬻人昭昭，我独若昏呵！鬻人察察，我独闷闷呵！澹（dàn）呵！众人皆有以，我独顽以鄙。其若海，望呵，其若无所止。吾欲独异于人，而贵食母。（《老子·第二十章》）

　　显然，这样的人并不是真的无智，只不过是对世俗的那一套看穿了，根本没有兴趣罢了。他们领悟了"道"，但并不张扬，不仅不与人争论，甚至不去谈论，因为道是很难用语言表达出来的，跟世俗的人就更讲不清楚了。

　　所以，无智反而是大智，它超越世俗的智慧，深入到"道"的根本道理中去。这就是庄子说的"去小知而大知明"（《庄子·外物》），老子所说的"大巧如拙"（《老子·第四十五章》），也就是人们常说的大智若愚。

　　这样的智被道家称作"明"，它常常与最难的认识对象相联系。老子说："知人者智，自知者明。"（《老子·第三十三章》）了解他人靠的是知识，认识自己靠的是明智。还说："知常曰明。"（《老子·第五十五章》）常的意思是不变，指的是"道"，能够认识根本道理的智慧就叫作明。世俗智慧与明智之间可以做这样一个划分，即前者属于人的能力，后者则属于人的天性；前者是人为的，后者是自然的。

　　总之，只有无智或者说是大智，才能引领人走上返璞归真的大道。这不仅是自我修养的途径，也是治国的途径。在老子看来，统治者的聪明才智用得越少越好，民众的智力越不发达越好，因为只有这样，民众才能够保持淳朴自然的天性。

婴儿状态

 回 放

南荣趎(chú)背着干粮走了七天七夜来到老子住处，请教保养生命的道理。

老子说："你能做到保守纯一吗？能做到不丧失本性吗？能做到不占卜就知道凶吉吗？能做到心灵静止吗？能做到熄灭思虑吗？能做到不求助别人而依靠自己吗？能做到无所牵挂吗？能做到顺畅无阻吗？"

一连八个"能做到吗"把南荣趎问蒙了。别说八个了，他一个也做不到。

老子见他发呆，便转到实例上，问："你一定见过婴儿吧？"

南荣趎点点头。

老子说："婴儿虽然从早到晚啼哭不止，却不见喉咙嘶哑，是因为合于自然；整天拳头攥得紧紧的，但手指却没有变成弯曲，是由于符合天性；总是睁大着眼睛看，但眼球却不转动，是因为他的注意力不在外面的世界。你能做到像婴儿那样天真率直吗？"

南荣趎有点明白了，点了点头，但马上又摇摇头，他做不到婴儿般的天真率直。

老子笑了笑，总结道："行动时不要惦记着往哪里去，停下来也不要在意住在何处，与自然合拍，随遇而安。这就是保养生命的道理。"

"什么是行动时不要惦记着往哪里去，停下来也不要在意住在何处呢？"南荣趎问。

老子说："率性而来，率性而去。"

老子曰："……儿子终日嗥（háo）而嗌（yì）不嗄（shà），和之至也；终日握而手不掜，共其德也；终日视而目不瞚（shùn），偏不在外也。行不知所之，居不知所为，与物委蛇而同其波。是卫生之经已。"

——《庄子·庚桑楚》

如果以现实人生为参照，返璞归真就是回复到婴儿状态。当然不是生理年龄上的回复，而是心理上的回复。老子在谈到柔弱的处世态度时说，甘心处在卑下的地位，"永恒的道德就不会离去，从而复归婴儿的境界"。[1]道德是人对"道"的获得，婴儿被认为是与"道"相通的，所以，回到婴儿境界，人也就恢复了自己的本真状态。为什么这样说呢？

首先，从婴儿与社会的关系看，他虽然来到了人世，但却与社会保持着距离。他有人的形体，但绝没有染上一丁点儿人间是非，无论是真的还是假的、善的还是恶的、美的还是丑的，在他身上都

---

① 恒德不离，复归于婴儿。（《老子·第二十八章》）

没有一丝一毫的痕迹。他有生命，但绝没有一丁点儿世俗智慧，不知道跟人斗心眼儿，不会使用阴谋诡计，也不去与别人争夺什么。规范、制度、名利、地位等世上的一切，对他毫无作用，可以说他的身体入世了，精神却是出世的。这就是老子说的"赤子"①，干干净净，没有任何污染。

其次，从婴儿与自然的关系看，他尽管已经成为了人，但仍然与自然没有分离。他的生命运行完全顺其自然，率性而为，想哭就哭，想睡就睡。正因为婴儿的行为不是刻意的，而是出于天性，他的生命力才最强大、最旺盛、最坚韧。老子这样说："婴儿的筋骨柔弱，但手却攥得紧紧的，一旦抓住东西便牢牢握住。虽然不懂得男女交合之事，但小生殖器却有力勃起，这是由于精气极为旺盛的缘故。终日号哭不止，而气息仍然顺畅，这是因为和谐达到了极点。"②婴儿在形体上与自然界有区别，但精神上、本性上与自然是合一的。

总之，婴儿是身在人世，心在自然，这也是庄子笔下真人、至人、德人、全人、天人、圣人等理想人的共同特征。以回到婴儿状态为路向的返璞归真，其要旨就是重建心理上的自然归属感，树立天人合一的理念。将婴儿放在历史大背景下，则相当于人类发展的第一阶段氏族社会，所以从社会历史观上说，道家对婴儿状态的羡慕正折射出对逝去了的氏族时代的留恋和向往。

---

① 含德之厚者，比于赤子。（《老子·第五十五章》）

② 骨弱筋柔而握固。未知牝牡之会而朘（zuī）怒，精之至也。终日号而不嗄（yōu），和之至也。（《老子·第五十五章》）

拾 得

需要指出的是，返璞归真是一个复杂问题，用现代语言说，是一个系统工程，去除心智只是其中的一个基本方面，它还包括忘掉自己的形体、志向、名利、功业等世俗的一切。这个过程通俗地说，就是生活的减法，与现实正好相反。世俗人生走的是一条有为的道路，通行的规则是加法，随着人的年龄的增加，阅历和知识不断丰富，功业和财富不断积累。世俗的东西多了，自然的东西也就少了，从而离人的本真状态越来越远。所以要返璞归真，就一定要把人为增加的东西减掉。庄子说："致力于道的人，一天又一天地减少，减少再减少，一直减少到无为的原初状态，而达到了无为也就可以无所不为了。"[①] 后来的道教继承了这个思想，提出"正为人，逆为仙，只在其中颠簸颠"。所谓逆，就是向婴儿状态回复，这样才能修成仙道，永葆生命的青春。

道家关于智慧的观点，最引人注目的是它的批判色彩。智慧无疑是人类所独具的、最值得骄傲的东西，也是人类征服自然界、谋求自身福祉的最锐利有效的武器。然而任何事物都有利有弊，智慧也是一柄双刃剑。它的负面作用是什么？道家早在两千多年前就开始检讨它的弊端，而且深入到人性的层面中去，认识到它的滥用乃是对人的淳朴天性的最大威胁。在智慧的最显著成果——技术与工

---

① 为道者日损，损之又损之，以至于无为，无为而无不为也。（《庄子·知北游》）

具高度发达的今天，人们更是越来越感受到它们与人性的对立。譬如电脑，它的发明和使用，提升了人的能力，但同时也改变了人的生存方式，使人不得不依赖于这种工具，结果人一旦离开了电脑，便不会写字，不会计算，不会工作，甚至不会交往，不会生活。人被机器束缚住了，显然，这又是人的能力的降低。

正是看到了世俗智慧与人性的冲突，道家才提供了运用智慧的另一条思路，也就是所谓的明智，它以遵守自然法则（道）为出发点，以保持人的淳朴和独立为标准。这样的智慧才是人性的发挥。

在西方哲学中，我们也可以看到对智慧的批判，近代流行的怀疑主义就是其中影响广泛的一种形式。它的代表人物笛卡尔（法国，1596~1650）认为，人的经验和观念都是靠不住的，外部世界也可能是假象，人们从幼年开始就不断接受着虚假、错误的知识，正是这些知识使人们头脑中充满了偏见，阻碍人们去认识真理，随着年龄的增长，人离真理也就越来越远。为此笛卡尔主张，人们必须对过去的一切认知持怀疑态度，每个人一生中至少应该进行一次大扫除般的总清算，把自己历来信以为真的所有见解统统清除出去，然后在这个洁净的基础上重新开始沉思。

虽然都是对智慧的批判，但笛卡尔与道家又有着很大不同。笛卡尔的怀疑论是传统思想的颠覆，是由封建时代转向资本主义时代的大变革的先声，而道家的批判则是古老氏族社会的挽歌，充满了深深的怀旧情调。

到了十九世纪中叶，在西方炮舰和商品大举进攻面前，一个叫魏源的中国知识分子官员提出了他对当时人类最先进的知识技术的认识，可以概括为三句话：第一句叫"奇技淫巧"（魏源：《海国图志·卷二》）；第二句叫"师夷长技以制夷"（魏源：《海国图志·原叙》）；第三句叫"造炮不如购炮，造舟不如买舟"（魏源：《圣武记·军政篇》）。这三句话影响了中国人的思想意识好几十年。第一句话表达了他对技术的总体感受，作为深受农业文明浸染的士大夫阶层中的一员，他对工业技术是厌恶的，甚至是恐惧的，不管它威力如何巨大，毕竟不是正路。这种情绪今天看来十分可笑，但背后我们可以看到道家思想的影子，人性的完整和道德的纯净永远是价值的核心，就像故事中那位汉水畔的老农为了保持淳朴的人性而坚决不使用机械一样，魏源也担心技术和工具会浸染中国人的天性，所以给它戴上一顶"奇技淫巧"的帽子。这样看来，用迂腐两个字来评价那时的知识分子就失之简单了，因为他们见解的背后站立的是赤诚。

今天，人类已经进入了高科技时代，社会在取得一系列伟大成果的同时，也被一系列现代病——生理的、心理的、社会的、自然的——所深深困扰着，人类对于自己的前景似乎还从来没有像今天这样迷惘过。在需要调整人类智慧和重估价值的时刻，道家思想兴许能为人们提供某些解决问题的思路。

鲲鹏——自由的放飞

人终究生活在社会中，
被世俗的东西所包围，
面对现实，
人应该怎么办？

随遇而安的生活态度

有两个世外之人，一个叫支离叔，一个叫滑介叔，来到冥伯之丘、昆仑之野，体察生命的过程。

天无限的高远，地无限的辽阔，他们站在山丘上，仰着头向天深深地吸气，又慢慢地把气吐出去，似乎忘记了与自己精神相对应的躯体。

过了一些时候，滑介叔觉得自己的左胳膊肘不大对劲儿，用右手一摸，不知道什么时候上面长出个小肉瘤。他有些吃惊地望着它，慢慢地皱起了眉头。

支离叔问："你厌恶这个东西吗？"

"不，"滑介叔摇摇头，"我哪能厌恶！人生不过是寄托在身体上罢了，寄托的肉体上长出东西，就像是落上了尘埃。生和死如同白天与黑夜相更迭，我和你正在一起体验万物的变化，如今这变化出现在我身上，我怎么会厌恶呢？"

原文摘要

滑介叔曰："亡，予何恶！生者，假借也；假之而生生者，尘垢也。死生为昼夜。"

——《庄子·至乐》

简 议

这是一则寓言。支离是支离破碎，滑介是滑稽可笑，叔字的意思是拾取，用在人名上表示的是残疾人和滑稽人，用世俗的眼光来衡量，这两个人是道德残缺的和可笑的。冥伯意为幽冥之地，昆仑山高入云天。喻示这二位来到的地方是有与无、死与生、黑暗与光明交接之处，所以才能体察生命过程。他们得到了什么启示？身体上尽管长出了一个多余的瘤子，但应该听之任之，以毫不在乎的态度来对待。将这种认识引申到生活中，就是随遇而安。这种态度与前面说过的柔弱是一致的，柔弱侧重的是处世，讲如何与他人和社会打交道，随遇而安侧重的是生活，讲如何面对既成的人生。

什么叫随遇而安？我们再看一个故事。一个叫士成绮的人慕名去见老子，看到老子家里乱七八糟，不禁大失所望，说："我听说先生是圣人，走了几百里路来见您。现在我不这么看了，您不配圣人的称号。"老子漠然没有反应。第二天士成绮又来了，见面就道歉，说："昨日我对先生有些不敬，今天有所省悟，请问这是什么缘故呢？"老子说："你讲的巧智神圣那样的人，我对此已经超脱了。昨天你说我是牛，我就是牛吧；说我是马，我就是马吧。我不在乎人们叫我什么，不过是出于常情罢了，并不是为了讨好谁。"（《庄子·天道》）什么是出于常情？有个叫孟孙才的鲁国贤人，母亲去世了，他不怎么悲伤，丧事办得挺简单，就这样也还是因为要照顾到习俗；他哭泣的时候，眼里没有泪，因为别人哭，他也跟着哭几声。这就是出于常情（《庄子·大宗师》）。

　　为什么采取这样的态度？主要原因有两个。一个是故事中已经涉及的对肉体的看法，即人的身体是天地派生出的形体，是生命或者真我暂时寄存的躯壳，本来就不属于人，人也不能占有它。既然如此，人就应该像对待万物那样，采取超然的态度，不去计较什么。

　　人为什么不能据有自己的身体？这就要由第二个原因来解释了。人有了形体，处身于世俗社会，就要受命运的摆布。庄子曾打过一个比方，说人来到世上，就意味着成为箭靶子：被射中了，是你倒霉；没有被射中，是你命好。到底怎么样，完全不由自己决定，"人的动与止、死与生、兴与废，根本就不是他自己能够掌握的"，①有命运管着。所以明智的人"知不可奈何而安之若命"（《庄子·德充符》），就是知道自己身处无可奈何的境地而抱着认命的态度。进一步说，人的命运的背后其实是天道的作用，"饥渴寒暑，穷困潦倒，是天地的运行，道的流逝，人只要随着一起变化就可以了"。②既然人管不了自己的身体，就只好由它去了。

---

①　其动止也，其死生也，其废起也，此又非其所以也。（《庄子·天地》）
②　饥渴寒暑，穷桎不行，天地之行也，运物之泄也，言与之偕逝之谓也。（《庄子·山木》）

恬淡放达的生活品位

回放

庄子与惠子在濠（háo）水游玩，走在桥上，看见鱼儿在水中自由自在地游动。

庄子说："鱼儿游来游去多么从容，这就是鱼的快乐吧？"

惠子看了他一眼，又看看水里的鱼，问："你不是鱼，怎么知道鱼的快乐？"

庄子望望他，又瞧瞧自己，反问道："你又不是我，怎么知道我不晓得鱼的快乐？"

惠子说："对呀，我不是你，当然不知道你；可你也不是鱼，所以你当然不知道鱼，这没有一点问题！"

"慢着，"庄子说，"让我们回到原来的话上。你说'你哪里知道鱼的快乐'，其中分明是知道了我晓得鱼的快乐，然后才来问我怎么知道鱼的快乐。那么，我回答你，我是在濠水桥上知道鱼的快乐的。"

原文摘要

庄子与惠子游于濠梁之上。庄子曰："儵（shū）鱼出游从容，是鱼之乐也？"惠子曰："子非鱼，安知鱼之乐？"庄子曰："子非我，安之我不知鱼之乐？"惠子曰："我非子，固不知子矣。子固非鱼也，子之不知鱼之乐，全矣。"庄子曰："请循其本。子曰：

'汝安知鱼乐'云者，既已知吾知之而问我。我知之濠上也。"

——《庄子·秋水》

这是一个著名故事，我们看到了一个在山水间逍遥自在、怡然自得、与天同乐的游者形象，当然是一位哲人游者，所以又时而做一点智辩，更显出生活的自由随意。

我们不妨联系一下孔子。一天，孔子与子路、曾皙（xī）、冉有、公西华几个学生谈论志向。子路的志向是要让民众变得像自己一样，勇敢而又懂道理；冉有的兴趣也在政治上，不过重点是要让百姓富足；公西华实际一些，只想当一个主持官方重大活动的小司仪。曾皙比较特别，仕途对他毫无吸引力，他向往的是自然的怀抱。当暮春三月时，人们早就换上了春装，自己与五六个成年人结伴，带着六七个小孩子，到河边去洗澡，再登上高台吹吹风，然后一路唱着歌回家。孔子赞叹一声，说："我欣赏曾皙的志向啊！"（《论语·先进》）其实，也就是羡慕而已，这样自由潇洒的生活对孔子来说纯粹是奢侈品，偶尔为之可以，但要作为常态绝无可能，因为他给自己设计的责任过于重大，用道家的话说就是已经深深地陷进了世俗，所以根本不可能有曾皙那样的闲情逸致，也没有这许多时间。他留给人的印象永远是风尘仆仆地奔波在游说诸侯的路上，或者是永不疲倦地工作在教诲学生的讲堂上。

曾皙向往的生活本质上属于庄子一类的道家。因为他们没有那么多的约束，世俗的道德、礼法、责任通通不起作用。他们也没有那么多的拖累，事业、功名根本不在眼里（《庄子·逍遥游》）；自我和心志也不放在心上（《庄子·天地》）；就连上天也要忘掉，更不要说外物、利禄以及自己的形体了（《庄子·让王》）。即使一不留神当上了官，也绝不操心，因为他们实行的是无为而治。他们对物质生活没有过高要求，能活就成，土地不多但能够填饱肚子，田园不大但能够安身立命，就相当理想了（《庄子·天运》）。没有约束，没有拖累，没有要求，自己解放自己，逍遥洒脱，来去自由，随心所欲，这就是恬淡放达的生活方式。

这样的生活才与自然合拍，才与"道"相一致。庄子说："狂放任意而行，恰恰是踩着'道'的足迹。"①

---

① 猖狂妄行，乃蹈乎大方。（《庄子·山木》）

自由自在的生活向往

 回放

　　北海有一种鱼，名叫鲲。它身躯庞大，不知道有几千里长。它变化成为鸟，名字就叫鹏。鹏的脊背也不知道有几千里长，展开的翅膀像是天边垂下来的云彩。

　　当沧桑巨变发生时，大鹏便迁徙到南海。南海是高远的天池。它腾空而起，推动的巨浪波及三千里，卷起的旋风直冲九万里高空。它背负苍穹，飞行六个月才停歇下来。野马般涌动的云雾，尘埃似运转的星汉，都随着它的气息摇动。苍茫的天色，究竟是天空的色彩呢，还是因为无限高远而使人感觉出来的色彩呢？只有从大鹏的高度俯瞰才能知道。

原文摘要

　　北冥有鱼，其名为鲲（kūn）。鲲之大，不知其几千里也；化而为鸟，其名为鹏。鹏之背，不知其几千里也；怒而飞，其翼若垂天之云……

　　……《谐》之言曰："鹏之徙于南冥也，水击三千里，抟（tuán）扶摇而上者九万里，去以六月息者也。"野马也，尘埃也，生物之以息相吹也。天之苍苍，其正色邪？其远而无所至极邪？其视下也，亦若是则已矣。

——《庄子·逍遥游》

这段文字出自《庄子·逍遥游》。《逍遥游》是《庄子》一书的首篇。所谓逍遥，就是现在我们说的自由。鲲鹏是逍遥的文学形象，也就是自由的化身。

鲲鹏为什么自由？因为大。身躯几千里，翅膀如云，起飞时推动巨浪三千里，卷起旋风九万里，天摇地动，没有什么东西能束缚它。什么东西才能有如此伟大之气魄？"道"。这就告诉人们，只有将自己融入道，才有资格谈论自由。

自由是什么？庄子曾经评论过两个人，一个是宋国的贤人宋荣子，另一个是道家人物列子。宋荣子品格高尚，超凡脱俗，但庄子认为他在内在修养上还有所欠缺，其行为仍然免不了依赖外在的道德标准。列子本领高超，凭借风力独来独往，飘然潇洒，但庄子认为，他还是没有摆脱外在束缚，没有风他就飘不起来。所以这二位离真正的逍遥还有点距离。那么，真正逍遥的人是怎样的呢？在庄子看来，那是把握了自然本性，驾驭阴、阳、风、雨、晦、明"六气"，遨游无穷宇宙的人，因为他们没有任何依凭，一切全由自己做主（《庄子·逍遥游》）。可见，自由就是无所依赖。

为什么只有融入"道"才能进入自由呢？这可以从外和内两个方面来说明。从人与外部世界的关系来看，人的不自由来自世俗的束缚，如果人能够像"道"那样自然朴素、包容一切，自己做到超越善恶、是非、美丑，摆脱对名利的追求，那么世俗的一切还能构成约束吗？显然不能。从人与自身的关系来看，人的不自由来自于形体的束缚，形体使人有了自己的界限，与其他事物相隔离，譬如，视觉只存在于目力所及的范围内。如果人能够像"道"那样没有形体，没有疆界，存在于万事万物之中，那么形体还能构成约束吗？显然不能。

人怎样才能超越自己的形体呢？这就要诉诸于精神、理性了。理性是抽象的东西，不受肉体感官的约束，同时也不受外界对象的约束，可以与万事万物相沟通。庄子说："精神四通八达，无所不及，上可以够到天，下可以盘绕地，能够变化万事万物，它没有形象，可以叫它为'同帝'。"[1] 同帝就是同于天帝，比喻精神至高无上。人的身躯无法变得像鲲鹏那样伟大，但精神却可以使人长高，顶天立地。

对于精神所达到的自由境界，道家无限向往。庄子笔下的庖丁就是这种向往的一个寄托。这位姓丁的厨师分割整牛，出神入化，一把刀使用了 19 年，解剖的牛有几千头，而刀刃仍然锋利如初。奥妙在哪里？厨师说："我刚开始解牛的时候，看到的是完整的牛；三年后，眼里就只有牛身上一个一个的部位了；现在已经不用眼睛看牛，而是用心神来会意，我已经不依赖于感官，完全凭着精神意念而行动了。"[2]

世俗社会中，人的身体很难做到无所依赖，但精神是可以自由飞翔的。

---

[1] 精神四达并流，无所不及，上际于天，下蟠于地，化育万物，不可为象，其名为同帝。（《庄子·刻意》）

[2] 始臣之解牛之时，所见无非全牛者，三年之后，未尝见全牛也。方今之时，臣以神遇而不以目视，官知止而神欲行。（《庄子·养生主》）

天人合一的生活境界

庄子在睡梦中变成了一只蝴蝶。蝴蝶翩翩起舞，惬意自在，忘乎所以，竟然不知道自己本来是庄子。

过了一会儿，梦醒了，才意识到自己是庄子。

但突然又犯糊涂了，搞不清楚是庄子在做梦还是蝴蝶在做梦，不知道是庄子在梦中变成了蝴蝶还是蝴蝶在梦中变成了庄子。

有一点是确凿无疑的，那就是庄子与蝴蝶不一样。不管是谁变成谁，这种情形都叫作"物化"。

昔者庄周梦为胡蝶，栩栩然胡蝶也，自喻适志与，不知周也。俄然觉，则蘧蘧然周也。不知周之梦为胡蝶与？胡蝶之梦为周与？周与胡蝶则必有分矣，此之谓物化。

——《庄子·齐物论》

这是一个美丽而混沌的梦。梦中，物的界限没有了，人就是蝶，蝶就是人——一个天人合一的境界。

要进入这个境界，首先必须能够忘我，跨越自我的界限。有一个故事，讲的也是天人关系。列子技艺高超，为一个名叫伯昏无人的高士表演射箭。他把弓拉得满满的，胳膊肘上放一杯水，然后再把箭射出去。他的动作快极了，发出去的箭一枝连着一枝，枝枝命中靶心，活像是个机械人。伯昏无人却不以为然，说："这是有心射箭的射法。"然后带着列子攀上高峰。伯昏无人的脚尖踩在一块悬空的石头上，背后是百丈深渊。他招呼列子过来放箭。列子腿一软，趴在了地上，吓出了一身冷汗，一直流到脚后跟（《庄子·田子方》）。列子为什么不能做到与周围事物相融合？因为他心中还有一个自我，也就是伯昏无人说的"有心"。在庄子看来，只有忘掉了自身而且连自己的属人性也忘掉了的人，才能够成为"天人"，融于自然万物（《庄子·庚桑楚》）。

这种忘我不是把自己变成外物的附属品，用庄子的话说，就是"不与物迁"（《庄子·德充符》），也就是不随着外物而变迁。追随外物，其实就是依赖外物，是不自由的，人在感到受约束的情况下，谈不上与对象和谐一致，正如一个追求金钱的人会时不时地产生出憎恨金钱的念头一样。

反之亦然，人与外界的融合也不是人统治物。庄子主张："独自与天地精神相往来，但并不以傲慢的态度看待万物。"[1]这个态度同样适用于人与人之间，他特别提到"不谴是非，以与世俗处"（《庄子·天下》），把不固守是非，作为与世俗社会相处的宗旨。他这样说："对喜欢的人一样，对不喜欢的人也一样；对与自己一致的人一样，对与自己不一致的人也一样。对那些与自己一致的人，

---

① 独与天地精神往来，而不敖倪于万物。（《庄子·天下》）

在天性上引为同类，对那些与自己不一致的人，就在人性上引为同类。无论是在天性上还是人性上都不与他人相抵触，这就是真人。"[①]真人是得道的人。可以看出，融合的前提是平等和包容。

在道家看来，宇宙本来就是混沌不分的，"天地与我并生，而万物与我为一"（《庄子·齐物论》）。人与天地共生共存，人与万物同根同源，所以天人合一、物我两忘的境界不过是本真状态的恢复罢了。

[①]　故其好之也一，其弗好之也一；其一也一，其不一也一。其一以天为徒，其不一以人为徒，天与人不相胜也，是之谓真人。（《庄子·大宗师》）

拾 得

诸子百家中，像道家这样注重自由的，绝无仅有。在庄子那里，自由不是一般的说一说，而是作为人生的一个追求、生活的一种状态、人与外界以及人与自身的和谐关系来论述的。庄子的思想可以概括为三点：第一，什么是自由？自由是无所依赖；第二，自由在哪里？在于人的精神；第三，自由如何实现？以超脱世俗约束的方式来达到。

如果我们联系道家关于"道"以及"无"的思想，就可以发现，庄子的自由观是相当深刻的。其实"道"就是自由的典范，人的自由不过是"道"的自由的模拟。"道"独立自主，运行不息，从来不依赖什么。它具有最大的普遍性，存在于万事万物之中，与一切具体事物没有界限，相互通达，自然也就不会受到限制。万事万物遵循它的规则运行，但"道"并不统治、干涉世界，而是任其自然，抱以超脱的态度，当然也就不会受到制约，因为约束总是双方的，干涉对方的同时也就一定落入对方的束缚。

那么，"道"为什么会有这种独立性、普遍性和超越性呢？因为虚无。"道"没有形象，没有声音，对于具体事物来说，它就是无。"无"不需要依赖什么，所以它是绝对独立的。"无"没有形体，所以它才能存在于一切事物中。"无"是不做什么，所以它超然于现实之上。这就意味着，自由来自于"无"。

这个结论正是西方存在主义关于自由问题的理论基石。存在主义哲学家中，萨特的自由观影响最大。萨特对自由的论证是从意识开始的。在萨特看来，并不存在着一个独立的意识实体，凡是意识一定是对某物的意识。这就是说，不是先有意识这么一种东西，然后人才用它去认识对象，而是在人与对象，譬如房子、树木、某个人发生联系时，才出现房子的意识、树木的意识，等等，只有在这种情况下才谈得上意识的存在。这说明意识本身其实是虚无，这是从存在的角度看。从意识功能的角度说，意识是一种虚无化的活动。树木本来就是那么一个东西，并没有什么意义，当人形成对它的意识的时候，就把人的看法加了树的上面，使没有意义的东西有了意义，这种改变是对原来的树的否定，是先前的状态的虚无化。

这意味着什么？自由。为什么这样说？因为首先，意识作为虚无，必然引出这样一个结论，就是人没有任何规定性，因为规定性是"有"。正是在这里，人与物的根本区别显现出来。譬如，说一个东西是杯子，是因为它符合杯子的本质，人可以按照概念把它生产出来，这个过程是本质先于存在。人不一样，他是先存在着，然后再选择成为教师、商人还是官员，或者别的什么，从而创造生活的意义，这个过程是存在先于本质。其次，意识作为虚无化活动，是对外界事物的否定，一切思想、道德都不能成为人的选择的根据，反而是人赋予它们意义，加入自己的主观理解。譬如，道德要求人们爱国，但什么是爱国？每个人都会根据自己的情况做出解释。由于人没有规定性，外界也不能决定人的行为，人就是自由的。自由不是有没有的问题，也不是要不要的问题，而是一种宿命，人等于自由，只要人存在着，他就是自由的。

可以看出，萨特的思想与道家是比较接近的，他们都高度关注虚无和自由。但又存在着很大区别，其中最根本的在于如何处理个人与外界的关系。萨特的自由过于张扬自我，突出个人的赋予意义的作用，本质上是强者的自由，始终处理不好个人自由与他人自由的关系。道家尽管也对世俗社会持否定的观点，但主张无为，相信事物本身就具有自我调节的功能，最终能够返回自然状态，所以无论对人还是对物，都抱着同情、宽容、超然的态度，绝不强加于外界，在给自己自由的同时，也给别人自由。这大概就是西方个人本位与中国群体本位在自由问题上的不同反映吧。

图书在版编目（CIP）数据

道家第一课 / 高路著. —北京：中国国际广播出版社，2017.10
（2020.7重印）
（中华优秀传统文化是什么）
ISBN 978-7-5078-4054-4

Ⅰ.① 道… Ⅱ.① 高… Ⅲ.① 道家—通俗读物 Ⅳ.① B223-49

中国版本图书馆CIP数据核字（2017）第162588号

道家第一课

著　　者	高　路	
策　　划	王钦仁　张娟平	
责任编辑	孙兴冉	
版式设计	国广设计室	
责任校对	徐秀英	

出版发行	中国国际广播出版社 ［010-83139469　010-83139489（传真）］	
社　　址	北京市西城区天宁寺前街2号北院A座一层	
	邮编：100055	
网　　址	www.chirp.com.cn	
经　　销	新华书店	
印　　刷	日照教科印刷有限公司	

开　　本	640×940　1/16	
字　　数	200千字	
印　　张	18.75	
版　　次	2017 年 10 月　北京第一版	
印　　次	2020 年 7 月　第二次印刷	
定　　价	36.00 元	

CRI
中国国际广播出版社
欢迎关注本社新浪官方微博
官方网站 www.chirp.cn